LAS COMUNIDADES DE PRÁCTICA VIRTUALES:

UN ESPACIO DE PARTICIPACIÓN PARA LA MEJORA DE LAS PRÁCTICAS EDUCATIVAS DEL PROFESORADO

Domingo Gallego Gil
Jorge Valdivia Guzmán

LAS COMUNIDADES DE PRÁCTICA VIRTUALES:

UN ESPACIO DE PARTICIPACIÓN PARA LA MEJORA DE LAS PRÁCTICAS EDUCATIVAS DEL PROFESORADO

Dykinson, S. L.

Editorial DYKINSON, S.L. Meléndez Valdés, 61 - 28015 Madrid
Teléfono (+34) 91 544 28 46 - (+34) 91 544 28 69

e-mail: info@dykinson.com
http://www.dykinson.es
http://www.dykinson.com

Consejo editorial: véase www.dykinson.com/quienessomos

ISBN: 978-84-9031-405-0
Depósito Legal: M-24357-2013

Maquetación:
BALAGUER VALDIVIA, S.L. - german.balaguer@gmail.com

Impresión:
Coimpress, s.a.   clientes@coimpress.es

ÍNDICE

ÍNDICE DE ILUSTRACIONES

I. PRÓLOGO

Las tecnologías existentes en la actualidad, y a través de los ambientes virtuales disponibles en la Web ofrecen espacios para que los relatos o anécdotas de los usuarios tengan la posibilidad de ser parte de la discusión y reflexión de sus pares. Cada día en la Web surgen historias, movimientos sociales, ideas innovadoras, que representan un cuadro virtual de lo que está aconteciendo en esta sociedad cambiante, dinámica y competitiva, más aún cuando estos hechos consideran a las tecnologías como intermediarios con los demás. Citamos tres anécdotas que denotan la importancia de las TIC cuando son utilizadas como un medio para expresar la emocionalidad y las vivencias de los actores en situaciones muy particulares:

> "...Ashley Johnson de 22 años era una mesera de un pequeño restaurante de Carolina del Norte, la cual al ver que después de tanto esfuerzo por atender bien a dos clientes, éstos solo le dejaron una pequeña propina y además hicieron que saliera tarde de su trabajo por esperar a que terminaran; es por eso que ella decidió buscarlos en Facebook y decirles lo que opinaba de ellos. Al siguiente día el restaurante la despidió debido a que ella se tomó el tiempo de poner el nombre de donde trabajaba".
>
> EL BLOG DE MERCADOTECNIA DIGITAL (2011)

> "...el comentario negativo de un viajero en una Web de viajes, hizo bajar a un 30% las reservas de un hotel".
>
> REVISTA TIME MAGAZINE (2007)

> "...el año pasado trabajé con mis alumnos en un intercambio virtual con una escuela de EE.UU. El medio: un blog de aula. Fue mi primer experiencia con la web 2.0, y también la de los chicos, que estaban bastante "enganchados". A pesar de que no tuve problemas con el equipo directivo, mis compañeros me miraban como un bicho raro... y claro - ahora entiendo por qué - me estaba convirtiendo

> en "*technogeek*"[1]. La experiencia fue positiva, al menos para mí, ya que me abrió un nuevo mundo de posibilidades. Este año decidí trabajar con un blog de clase y mis alumnos crearían sus portfolios electrónicos, en los cuales se reflejaría parte de los trabajos realizados. Cuando fuimos por primera vez al aula de computación, me encontré con que **todas las páginas que necesitaba habían sido bloqueadas.** Entiendo que es difícil controlar a los chicos cuando están trabajando, ya que entran a Fotolog, Youtube, Facebook y se distraen, pero también es parte de nuestro trabajo enseñarles a trabajar en forma responsable. Además, seamos realistas - ¿Qué chico lee un blog? ¿Para qué bloquear blogger? Finalmente, logré que se desbloqueen las páginas que necesito durante mis clases, pero la desventaja es que los chicos que no tienen acceso a internet fuera de la escuela no pueden realizarlas en contraturno. En conclusión, creo que la palabra que mejor definiría la relación de las nuevas tecnologías con la educación es **miedo**. Miedo a lo desconocido, a un mundo en el que somos los nuevos, los famosos "inmigrantes digitales", y como tales, no nos sentimos seguros de nuestros conocimientos y prácticas. Entonces, ante esta situación, muchos prefieren negar la realidad que se viene en lugar de ponerse al día con las nuevas prácticas. Pero, ésa es una historia tan vieja como la humanidad, ¿no? (¿o como la educación?)".
>
> EDUBLOGGER ARGENTO (2009)

Estos son ejemplos de tecnologías frecuentemente usadas en la Web y disponibles en la actualidad, que de un modo u otro muestran los beneficios de las TIC para el progreso individual y profesional. No obstante, se debe estar consciente de hacer un buen uso de las tecnologías, no un abuso o un mal uso. Hay que recordar también, que actuar en consecuencia tiene su recompensa.

Las comunidades de práctica virtuales también forman parte de este escenario, y representan oportunidades colectivas en donde los objetivos planteados por los miembros que la constituyen, coinciden con las necesidades reales, en donde la práctica es observada como un aprendizaje, proceso que es considerado como una historia compartida, y exige una puesta al día para poder incorporarse a ella. Estas historias compartidas encontradas en la Web pueden llevar al internauta a valorar y reflexionar sobre su propia gestión de vida.

En la actualidad más de dos mil millones de usuarios están interactuando de manera dinámica y permanente en la Web, en donde las herramientas Web 2.0 permiten llegar a una diversidad de públicos objetivos, y en donde el usuario tiene la posibilidad no sólo de difundir información como la que se ha citado, sino que también debe analizar y evaluar el impacto de lo que comunica a los demás.

---

[1] Individuo que está al tanto de los cambios e innovaciones de las TIC y las incorpora en su contexto laboral o profesional.

II. INTRODUCCIÓN

La Formación Inicial Docente es un aspecto estratégico de cómo el profesor utilizará la didáctica en el centro educativo. La promoción de aprendizajes de calidad en el estudiante que forma parte de la sociedad de hoy, la sociedad del conocimiento, es un desafío constante de la formación del profesorado. Se requiere de la conjunción de escenarios institucionales, y académicos que permitan definir políticas para apoyar la formación.

Más aún, el desarrollo de las Tecnologías de Información y Comunicación (TIC) en la educación, ha hecho que los planes y programas educativos vayan gradualmente incorporando una diversidad de servicios o herramientas TIC en el escenario didáctico. Esto se ha transformado en una oportunidad para los profesores que enriquecen el ámbito de la formación, pero al mismo tiempo les exige una reflexión constante en lo que concierne a los retos para su desarrollo profesional, y por ende para su actualización académica.

Las TIC son una alternativa eficaz para que el profesorado profundice en sus conocimientos, aprenda junto a los demás, o comparta sus preocupaciones personales o profesionales. Uno de los espacios más interesantes que brindan las TIC en este ámbito, son las Comunidades de Práctica Virtuales.

Las Comunidades de Práctica Virtuales están basadas en el aprendizaje social y colectivo, y según Wenger, McDermott & Snyder (2002), son "...grupos de personas que comparten una preocupación, un conjunto de problemas o un interés común acerca de un tema, y que profundizan su conocimiento y pericia en esta área a través de una interacción continuada".

El principal aporte de estas comunidades es el de levantar un proceso de formación virtual, en donde no solo se reflexione sobre las prácticas pedagógicas o didáctica en particular entre los participantes, sino que también sirva de puente para incorporar de manera innovadora y creativa a las TIC en los procesos de enseñanza aprendizaje.

De esta manera, se facilita el intercambio de experiencias, la generación de nuevos conocimientos, se diseñan encuentros virtuales o presenciales, haciendo uso por ejemplo, de las Webquest, los foros académicos y sociales, que permiten el compartir puntos de vista personales a través de un diálogo sincero, y en donde la intención final es construir desde diferentes visiones, significados de un mismo tema, identidades asociadas a su práctica, y un repositorio de recursos y medios que fortalezcan la labor docente.

Los docentes necesitan espacios para compartir los aspectos relativos a su docencia, sus innovaciones educativas, sus experiencias, sus éxitos y sus fracasos, sus sueños y realidades, con dinamismo e interacción permanente. Este espacio puede estar representado por las Comunidades de Práctica Virtuales, que se pueden conformar en el centro educativo, con docentes animados a colaborar en la mejora de la didáctica, haciendo con ello más amigable el proceso de enseñanza aprendizaje.

Sean UDS. ¡¡ Bienvenidos...!! a estos espacios de la Red Social de modalidad virtual que confluyen en la mejora de la profesión docente y la calidad de los aprendizajes de los estudiantes.

Jorge. R. Valdivia Guzmán y Domingo J. Gallego Gil

III. LA COMUNIDAD DE PRÁCTICA VIRTUAL

1. ¿QUÉ SON LAS COMUNIDADES?

El centro educativo como una institución escolar, donde se imparte conocimiento de forma organizada, progresiva y sistemática está conformado por una diversidad de pequeñas comunidades (consejo escolar, asociaciones de padres, departamentos curriculares, equipo de gestión, entre otras), que tienen una función y relevancia particular, y que se coordinan de tal forma que se complementan para dar cumplimiento a la misión establecida en su plan estratégico, la cual está en consonancia con las políticas gubernamentales o educativas del país.

Estas comunidades, como es la comunidad de los docentes, tienen que velar para que las prácticas de enseñanza optimicen el proceso de enseñanza aprendizaje, para que los acuerdos se cumplan conforme a lo consensuado, con el fin último de conseguir la mejora de la práctica pedagógica en las líneas señaladas por el Ministerio de Educación.

Vamos a delimitar, en primer lugar, el término «Comunidad». Hemos encontrado una gran variedad de definiciones, debido, en parte, a la evolución que ha sufrido su significado, ya que cada concepto sobre el que se reflexiona, emana de una concepción, entre otras, del tipo organización que se establece entre sus miembros, de las actividades que comparten, y del tipo de interacción social que existe entre sus componentes. Vamos, pues, a mostrar distintas definiciones más representativas desde la mirada de sus medios y fines. Esta enumeración pretende, por una parte, mostrar las diferentes perspectivas desde las que podemos analizar este concepto, y por otra ampliar los horizontes de nuestro análisis:

Autor (año)	Definición
Tönnies (1895)	Distingue dos concepciones clásicas tomando como base la agrupación de sus integrantes: Comunidad: forma de agrupación basada en la cercanía, el compartir experiencias y formas de vida, sensibilidades y experiencia. Se da por ejemplo, en tamaños grupales pequeños, o en el ámbito familiar tipo rural Asociación: es un tipo de agrupación basada en la conveniencia, con una duración temporal en función de los intereses compartidos
Wilbur (1997)	..."su esencia reside en que se refiere a un grupo de personas que comparten en común objetos como ideas, propiedades, identidades, todo dentro de un espacio común"
McMillan & Chavis (1986)	Diferencian cinco componentes del sentido de comunidad: *Membresía*: pertenencia, seguridad personal *Influencia bidireccional*: participación *Integración*: necesidades personales como colectivas *Satisfacción de necesidades*: personales y colectivas *Conexión emocional compartida*: historia compartida, frecuencia y calidad de la interacción
Coll, Bustos & Engel (2007)	..."en su sentido más amplio y genérico, está formada por personas que comparten características o intereses comunes, que participan y se implican en actividades conjuntas y que pueden tener en común, aunque no necesariamente, un objetivo específico. Algunos de los elementos en torno a los cuales se puede constituir una comunidad son , por ejemplo, el idioma, la cultura, la edad, la profesión, el estatus social, entre otros"
Poole (2002)	Destaca elementos claves que deben formar parte de una comunidad: *Experiencias compartidas*: la existencia de actividades y eventos comunes ayudan a generar un sentido de pertenencia y una historia común que permite aglutinar a los miembros de la comunidad *Responsabilidad compartida*: todos los miembros deben sentirse y hacerse responsables de alguna manera del devenir de la comunidad. Solo en la medida en que una persona se involucra, se hacer parte de la comunidad *Identidad compartida*: los miembros de una comunidad comparten, en mayor o menor medida, un conjunto de características, creencias o intereses que generan un sentido de pertenencia individual *Tiempo social*: no todas las actividades de una comunidad pueden ser pragmáticas. Los espacios sociales (bien sean de discusión o de esparcimiento) son vitales para consolidar lazos personales entre los miembros
Brown & Duguid (2000)	Estos autores relevan la importancia del trabajo como medio para fortalecer la práctica: "...únicamente inmersos en el trabajo, y hablando sobre el trabajo que uno realiza se llega a ser un profesional competente. La práctica es un profesor efectivo y la comunidad de práctica un medio ideal de aprendizaje"

Con las aportaciones expuestas, podemos concretar algunos aspectos imprescindibles para la conformación de una *comunidad* en el centro educativo. La «comunidad de práctica virtual» con apoyo de las Tecnologías de Información y Comunicación (TIC) es la más adecuada, para la mejora de las prácticas del profesorado, o para el apoyo a la gestión del centro educativo. Destacamos algunos factores importantes:

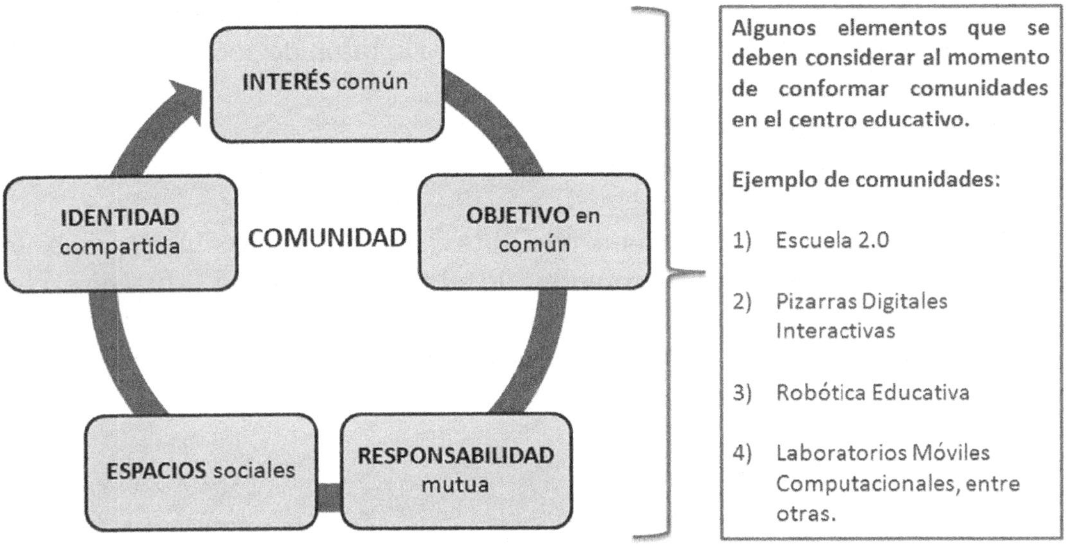

Ilustración 1. Elementos esenciales de una comunidad, los cuales se encuentra inter-relacionados y son inter-dependientes.

2. ¿QUÉ ES UNA COMUNIDAD VIRTUAL?

Las características de las *comunidades* han estado muy ligadas a los procesos de la evolución social que han ocurrido en la sociedad, relacionadas a espacios temporales específicos en los que se produjeron transiciones desde un tipo de sociedad a otro. Es así, como se han sucedido muchos cambios desde la etapa de las sociedades cazadoras y recolectoras, hasta la etapa de las sociedades tecnológicas avanzadas, en donde la informática, la microelectrónica y la microbiología han sido las protagonistas de la evolución.

El hombre es un ser esencialmente social. Un hombre aislado, y que no participe en los cambios en la sociedad es inconcebible. Las comunidades virtuales surgen como resultado de la necesidad del hombre de comunicarse, se sentirse partícipe de las transformaciones de la sociedad, más aún con la incorporación de las TIC que han permitido el progreso y desarrollo de lo que se denomina hoy, la sociedad del conocimiento.

Varios autores (Rheingold, 1996; Castells 1997; Iparraguirre, 1998; Gairín 2006) han definido las características de una comunidad virtual. Preece (2000), considera distintos enfoques en su concepción, insistiendo en sus necesidades, sus propósitos y la importancia de las TIC. Las comunidades virtuales están compuestas por personas que desean interactuar para satisfacer sus necesidades o llevar a cabo roles específicos:

a) Qué comparten un propósito determinado (un interés, un servicio o un intercambio de información) que constituye la razón de ser de la comunidad virtual.
b) Con una política que guía las relaciones.
c) Con unos sistemas informáticos que median las interacciones y facilitan la cohesión de los miembros.

Existen elementos especialmente relevantes (necesidades comunes, propósito, TIC) al momento de pensar en la conformación de una comunidad virtual en el centro educativo, y que se deben sopesar para constituir una de ellas (por ejemplo, en ciencias, pizarras digitales, medio ambiente y ecología, entre otras). Sintéticamente presentamos los elementos en la siguiente ilustración:

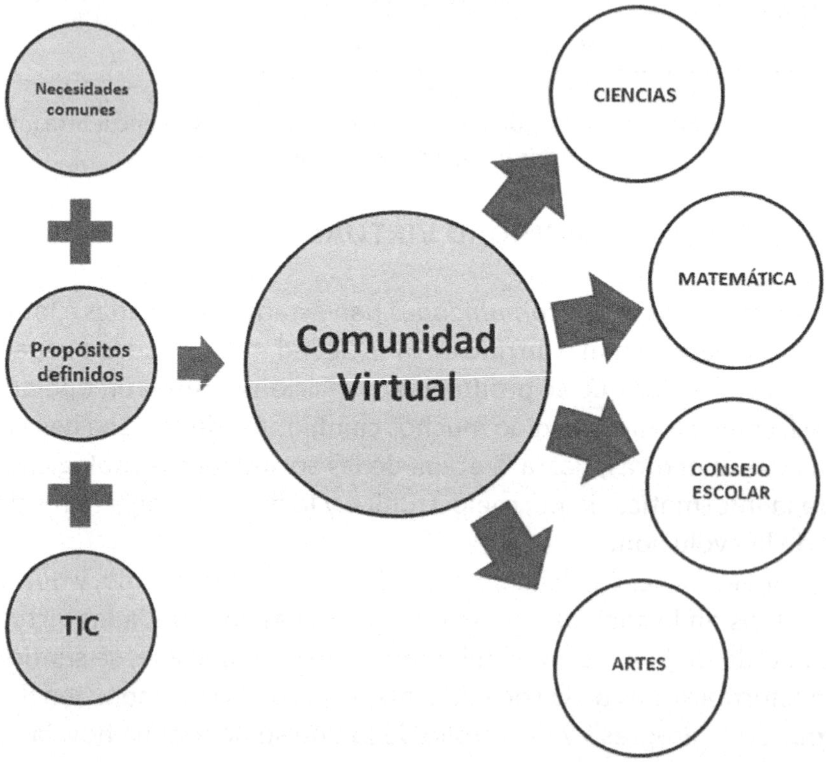

Ilustración 2. Elementos constituyentes de una Comunidad Virtual, que pueden existir en un centro educativo.

3. TIPOS DE COMUNIDADES VIRTUALES

Hemos investigado diferentes tipologías de las comunidades virtuales (Hagel & Armstrong, 1997; Castillo, 1999; Jonassen, Peck & Wilson, 1999; Saorin & Sanchez, 2001). Henri & Pudelko (2003), crearon distintas clasificaciones de comunidades virtuales a través del análisis y participación de sus miembros, tomando en consideración distintos servicios TIC: los foros de discusión, chats y páginas Web, como espacios virtuales de reunión.

Para diseñar la taxonomía presentamos dos variables:

a) La fuerza del vínculo social.
b) La intencionalidad de la aglutinación. Esta variable que expresa la voluntad, más o menos marcada, para crear un vínculo social fuerte, y para emprender una actividad con una meta de aprendizaje.

Se distinguen cuatro tipos de comunidades que van desde una cohesión social mínima hasta la creación de una cohesión y un vínculo social máximo.

a) ***Comunidad de interés***. Los miembros se reúnen alrededor de un tema de interés común. La intensidad de los vínculos sociales y de la intención de aglutinación que se origina es BAJA.
b) ***Comunidad de interés guiada por objetivos***. Sus miembros se juntan alrededor de un tema común de interés y tienen que conseguir un producto en un tiempo delimitado (por ejemplo decidir los recursos humanos en una empresa). Su vínculo social y voluntad aglutinadora son más marcados que en una comunidad de interés.
c) ***Comunidad de Aprendizaje***. Esta comunidad opera en contextos institucionales y se compone de estudiantes que dependen de uno o más instructores para guiarlos. La intensidad de los vínculos sociales y de la intención de aglutinación que se origina es MEDIA. Estas comunidades están asociadas al ámbito escolar y académico. En Chile, por ejemplo, la Red "Maestros de Maestros".
d) ***Comunidad de Práctica***. Se organiza alrededor de profesionales que trabajan en organizaciones donde se desarrollan actividades similares, la intensidad de los vínculos sociales y de la intención de aglutinación que se crea es ALTA.

La diferenciación de las comunidades comentadas, están en el hecho que exhiben diferentes niveles de implicación de sus miembros, de ofrecimiento de ayuda y apoyo mutuos, y de compartir significados y construcción de identidad. Gráficamente representamos la escala de los diferentes tipos de comunidades atendiendo a la fuerza del vínculo social y a la intencionalidad de la agrupación.

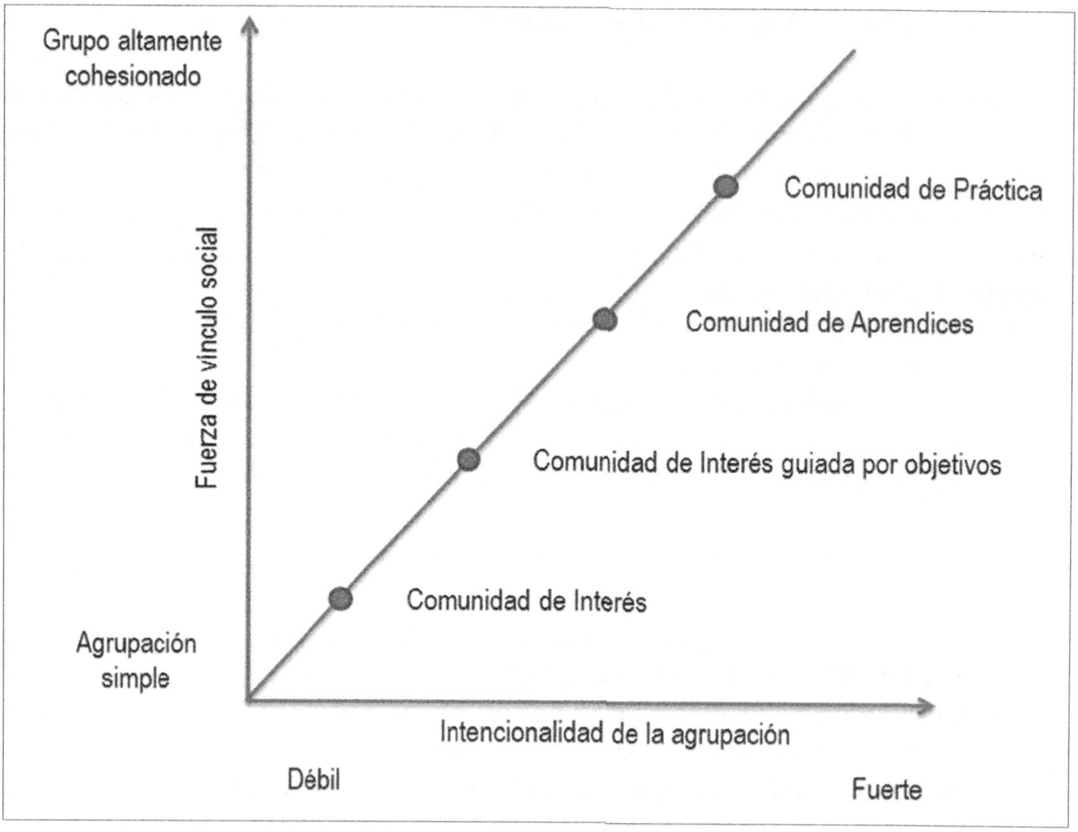

Ilustración 3. Tipos de comunidades según su vínculo social e intencionalidad de agrupación dada por sus miembros.

A veces las comunidades de aprendizaje se confunden con las comunidades de práctica. Barab & Duffy (2000), plantean que mientras las comunidades de aprendizaje utilizan la participación como una manera de aprender, las *comunidades de práctica crean aprendizaje desde la práctica real* en contexto de trabajo y operando en condiciones similares.

En las comunidades de práctica, los participantes comparten intereses comunes en el ámbito del trabajo, se agrupan con el fin de ayudarse reciprocamente y resolver problemas y comparten y crean cooperativamente conocimiento.

4. EVOLUCIONANDO HACIA LAS COMUNIDADES DE PRÁCTICA VIRTUALES

Una comunidad de práctica virtual tiene diferentes características entre las que se destacan la práctica de sus miembros, el conocimiento compartido, el aprendizaje y el compromiso mutuo.

Para Wenger (1998), una comunidad de práctica virtual es "...un conjunto de personas organizadas alrededor de una tarea común e interdependiente. Comparten un sentido de emprendimiento común, una involucración recíproca y un repertorio de respuestas compartidas". De manera esquemática, presentamos la definición de este autor:

Ilustración 4. Elementos fundamentales de una Comunidad de Practica.

Para Zeller (2004), una comunidad de práctica virtual "...son grupos de personas que comparten la experiencia y pasión sobre un tema e interactúan en forma continua para profundizar su aprendizaje".

Para Cornejo & Medina (2003) una comunidad de práctica virtual "...sería un grupo de personas de una misma empresa o una misma especialización, que comparten conocimientos respecto a su trabajo y las innovaciones que le afectan, en reuniones periódicas más o menos formales".

De manera gráfica, un mapa conceptual recoge los elementos constituyentes de una comunidad de práctica, la relación jerárquica entre los distintos conceptos, clarifica y sintetiza sus alcances:

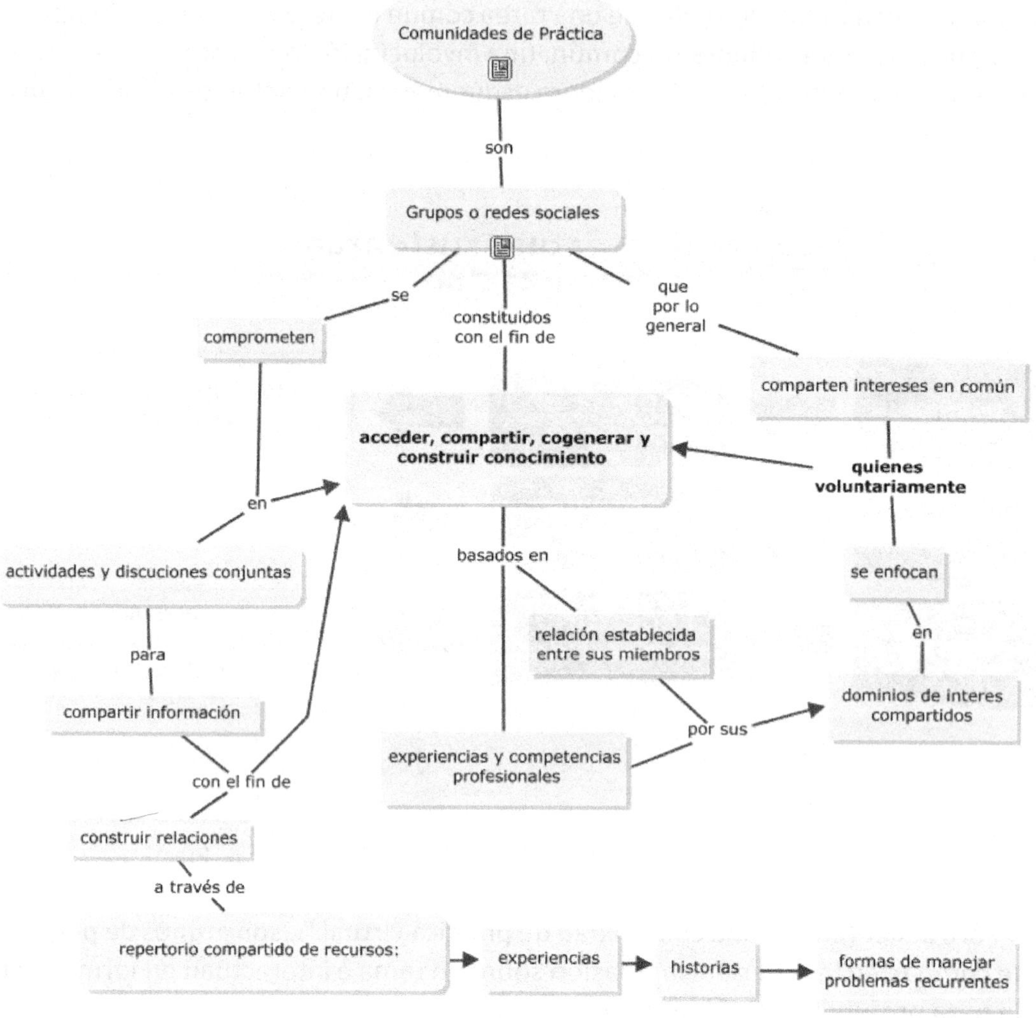

Ilustración 5. Enfoque sistémico de una Comunidad de Práctica en función de sus compromisos o el compartir intereses en común[2].

La irrupción de las TIC en la sociedad del conocimiento, y por ende en los centros escolares, ha traído un cambio en el compartir conocimientos, en la interactividad de sus miembros, haciéndola independiente de la ubicación geográfica, y de la distancia física de sus miembros.

Pallof & Pratt (2005), afirman que "...cuando una comunidad de práctica utiliza las tecnologías de redes para establecer procesos de colaboración entre sus miembros,

[2] Extraído de Comunidades de Práctica. Disponible en http://loviedo-comunidades.blogspot.com/2007/06/comunidades-de-prctica-mapa-conceptual.html

se dice que es una comunidad de práctica *virtual*". De manera gráfica, lo vemos a continuación

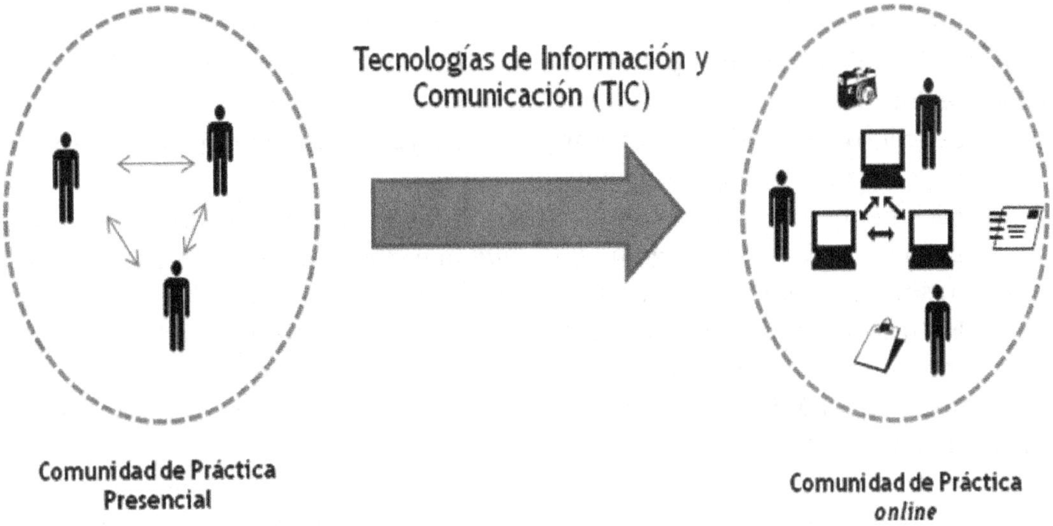

Ilustración 6. Evolución de las Comunidades de Práctica en la actualidad. En este caso la Comunidad de Práctica Virtual es un símil de la Comunidad de Práctica *online*.

Las comunidades de práctica virtuales se ven favorecidas por la aparición de plataformas informáticas que pueden responder a los nuevos requerimientos de este tipo de escenarios. Wenger (2001), expresa que bajo este enfoque, las necesidades estructurales con apoyo de las TIC se traducirían en:

a) Una página principal para mantener su existencia y describir su dominio y actividades.
b) Un espacio de conversación (*Chat*) para la discusión en línea de temas diversos.
c) Capacidad para exponer preguntas de interés de la comunidad o de un subconjunto de ésta.
d) Un directorio de miembros con información sobre sus áreas de habilidades técnicas en el dominio.
e) En algunos casos, un espacio de trabajo compartido para colaboración, discusión o reuniones electrónicas sincrónicas.
f) Un almacén de documentos para su base de conocimientos.
g) Un motor de búsquedas lo suficientemente eficaz para recobrar cosas que necesiten desde su base de conocimientos.
h) Herramientas de administración, particularmente para el coordinador pero también para la comunidad en general, que incluyan la capacidad de saber

quién está participando activamente, qué documentos están descargándose, cuántos intercambios hay, cuáles documentos se necesitan actualizar, etc.

i) La habilidad para desagregar sub-comunidades, subgrupos y equipos de proyectos.

Para Wenger, (2001), una plataforma tecnológica para comunidades de práctica debe, idealmente, ser:

a) Sencilla de aprender y usar, porque las comunidades de práctica no son, por lo general, el trabajo principal de las personas.
b) Fácilmente integrables con el *software* que los miembros de la comunidad usan para su trabajo regular, para que la participación en los trabajos de la misma requiera un mínimo de pasos extra.
c) No muy cara. Si requiere mucha inversión inicial, comunidades potencialmente útiles no serán capaces de sacarle ventajas a la plataforma.

Según Schlager & Fusco (2004), entre las características más relevantes de una comunidad de práctica virtual se pueden destacar:

a) Aprendizaje social. El aprendizaje es más una actividad social que académica; se da en el contexto del trabajo (y no en el del entrenamiento), mediante redes de colegas que trascienden los límites de la organización; los entrenamientos formales suplementan el aprendizaje informal para construir competencias que contribuyen a los fines colectivos.

b) Choque de culturas. Una comunidad de práctica virtual se desarrolla con el tiempo, y continuamente reproduce, sus artefactos culturales dominantes (programas, recursos, etc.), normas y valores. De este modo, los miembros de una comunidad de práctica heredan normas y prácticas que han sido previamente negociadas y acordadas por quienes los han precedido.

c) Identidad y multiplicidad de miembros. Las comunidades de práctica virtual se diferencian de otros grupos de educadores (p.ej., grupos de estudio, equipos de trabajo) por su heterogeneidad y diversidad. Los miembros de una comunidad se unen y se separan a medida que pasa el tiempo; asumen múltiples roles en diferentes contextos y tienden a cruzar los límites organizacionales y sociales, antes que ceñirse a estos.

d) Reproducción y evolución de comunidades de práctica. Una comunidad de práctica virtual crece y se reproduce en la medida en que se unen nuevos miembros; en que se adentra por caminos que los llevan al dominio y liderazgo; en que lleva a sus miembros a participar en otras comunidades.

e) Redes sociales. Los profesionales que toman parte en una comunidad de práctica virtual desarrollan, administran y participan en múltiples redes sociales que se sobreponen dentro y a través de los límites de las comunidades de práctica.

f) *Líderes y contribuyentes.* El liderazgo es un aspecto central en la identidad de los miembros de una comunidad. Genera redes sociales y favorece la reproducción comunitaria. Sin embargo, el liderazgo comunitario es muy distinto del liderazgo académico, ya que los líderes comunitarios modelan y refuerzan las reglas de la comunidad y las normas de la práctica, y promueven el crecimiento de otros hacia el liderazgo.

g) *Herramientas, artefactos y lugares.* Es importante considerar qué herramientas y artefactos (p.ej., materiales, evaluaciones, recursos de aprendizaje) ponen a disposición de los miembros de una comunidad, así como cuándo y cómo introducirlos. Por otra parte, los lugares de encuentro públicos y privados (físicos y virtuales) son componentes esenciales de la infraestructura permanente de la comunidad de práctica.

h) *La práctica.* Es importante tener claro cuáles son las prácticas que se van a apoyar con tecnología. La tecnología debe permitir la interacción mutua de todos los interesados para lograr que los niños y jóvenes se eduquen mejor, no simplemente que coexistan prácticas formales en aislamiento unas de otras.

De acuerdo a investigaciones sobre comunidades de práctica virtual de tipo profesional, como redes de aprendizaje, es indispensable que se atiendan los siguientes **factores claves para el éxito** en la creación y sostenimiento de la comunidad (Allen, Ure, & Evans, 2003):

a) Objetivos y metas claramente definidos para la comunidad.
b) Tiempo suficiente para que sus miembros participen en la comunidad.
c) Adecuado nivel de soporte por parte de los administradores de las instituciones en que colaboran los participantes.
d) Disponibilidad de información, con calidad, en los repositorios de la comunidad.
e) Habilidad para aplicar el conocimiento de la comunidad directamente al trabajo.
f) Acceso a tecnologías para facilitar la comunicación.

El conocimiento es inseparable de la práctica.

Séneca

También conocido como *el joven* (4 a.C. - † 65 d.C.). Nació en Córdoba, España.

Destacamos los cinco elementos que ofrece la web de una comunidad de práctica virtual, denominada «Comunidad de Práctica de Padres y Apoderados», diseñada en Chile, basada en XOOPS, que es una herramienta para la creación y mantenimiento de comunidades en línea, y que permite la incorporación de una serie de servicios interactivos, y que se detallará más adelante:

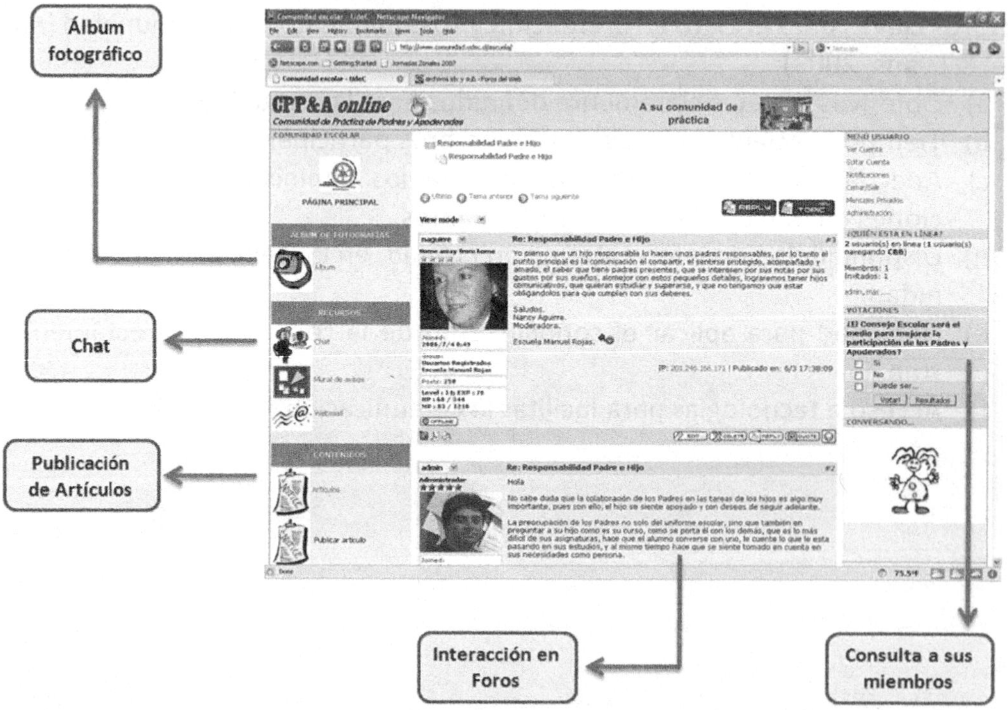

Ilustración 7. Recursos interactivos existentes en una Comunidad de Práctica Virtual[3].

[3] Comunidad Virtual de Práctica. Padres y Apoderados. Disponible en http://www.comunidad.udec.cl/

5. EL MODERADOR EN UNA COMUNIDAD DE PRÁCTICA VIRTUAL

Un factor esencial de todas las comunidades de práctica virtual es la existencia de un Moderador, que tiene conocimiento y pasión por el tema de la comunidad de práctica virtual a la que pertenece. Debe ser un miembro respetado por el resto de los integrantes del grupo. Puede o no ser el experto líder en su campo. Debe disponer de libertad para poder gestionar bien las intervenciones, distinguir las aportaciones interesantes, guardar los documentos adjuntos que se vayan presentando, realizar resúmenes periódicos (Sanz, 2005).

Si existe un buen Moderador las opciones de éxito de la comunidad virtual aumentan notablemente. ¿Cuáles son las funciones más importantes que debe desempeñar un Moderador en la comunidad de práctica virtual? (Wenger et al. (2002),

a) Identificar temas importantes que deben tratarse en el ámbito de la comunidad de práctica virtual.
b) Planificar y facilitar las actividades de la comunidad de práctica virtual. Éste es el aspecto más visible del papel del moderador.
c) Conectar informalmente a los miembros de la comunidad de práctica virtual, superando los límites entre las unidades organizacionales, y gestionar los activos del conocimiento.
d) Potenciar el desarrollo de los miembros de la comunidad de práctica virtual.
e) Gestionar la frontera entre la comunidad de práctica virtual y la organización formal, como por ejemplo, los equipos y otras unidades organizacionales.
f) Ayudar a construir la práctica, incluyendo el conocimiento base, la experiencia adquirida, las mejores prácticas, las herramientas y los métodos, y las actividades de aprendizaje.
g) Valorar la salud de la comunidad de práctica virtual, y evaluar las contribuciones de los miembros a la organización.

6. ROLES EN LA COMUNIDAD DE PRÁCTICA VIRTUAL

Laat & Jan Simons (2002), definen los roles más importantes que debemos identificar en una comunidad de práctica virtual como las que podemos diseñar para un centro educativo.

a) Presidente (semejante al rol del Moderador)
b) Evaluador de procesos
c) Evaluador de contenidos
d) Secretario o cronista
e) Apoyo Técnico

Tareas *del Presidente (semejante al rol del Moderador):*

Para estimular la interdependencia, todo integrante de la comunidad deberá aportar, al menos, una contribución a ésta. Así, pues, la comunidad estará compuesta por miembros que se ocupen de los problemas desde distintas perceptivas, lo que crea una comunidad heterogénea que puede realizar algo que sería imposible para una sola persona. Hace falta que alguien desempeñe la función de presidente responsable de la comunidad ¿Cuáles son *las tareas específicas del presidente*? Destaquemos las más importantes:

a. Invitar a las personas (o docentes) a participar en la comunidad conforme a sus *conocimientos especializados.*
b. Plantear el problema relacionado con el *trabajo* (o docencia educativa).
c. Asegurarse de que los integrantes *expliquen a los demás los conocimientos específicos de que disponen*, los motivos por los que se integran en la comunidad, y lo que esperan para sí mismos y para la comunidad.
d. Sugerir un *Calendario* formativo que defina los objetivos de aprendizaje y las diversas funciones asignadas.

La colaboración eficaz depende de si la comunidad reflexiona o no sobre sus propias actividades formativas. Fomentar la colaboración equivale a estructurar los procesos comunitarios.

Tareas del *Evaluador de Procesos:*

a. Mantenerse en contacto con todos los integrantes de la comunidad a fin de estimular y promover su participación activa en la misma.
b. Evaluar la calidad de las interacciones analizando los conocimientos específicos individuales. Estimular la cohesión de la comunidad y solicitar sugerencias de mejora de la labor colectiva.

Tareas del *Evaluador de contenidos:*

a. Estructurar las contribuciones recogidas en la base de conocimientos. Si se gestiona de manera constructiva, la búsqueda activa de más información, la re-conceptualización de los conocimientos aportados y las conclusiones obtenidas conducirán a actividades de construcción de conocimientos (léase como gestión del conocimiento).
b. Evaluar la calidad de las contribuciones escritas y enviadas a la base de conocimientos. Debe evaluar su propia labor y obtener conclusiones y síntesis que permitan emprender un análisis más detenido del problema abordado.

Tareas del *Secretario o cronista:*

a. Estructurar el contenido de las contribuciones.
b. Redactar un Acta Formativa que contenga los objetivos de aprendizaje.
c. Llevar registro de las decisiones tomadas, los tipos de acuerdo alcanzados.

Tareas de *apoyo técnico*.

a. Proporcionar información para trabajar con el programa o *plataforma virtual.*
b. Resolver problemas técnicos (manera de registrarse, descargar archivos, participar de los foros, etc.).

Schuschny (2010), coincide con esta descripción de tareas que debe existir en una comunidad de práctica virtual, insistiendo en que asumiendo roles también se mejora la colaboración, se ayuda a los miembros del equipo a evaluar componentes de la misión, y les permite experimentar con diferentes construcciones de identidad. El reparto de tareas es ameno y despierta la creatividad. **Una persona visionaria** puede actuar en muchos papeles y describir, desde su perspectiva, el panorama general y el enfoque futuro. Una persona **realista** puede ayudar a contactar con la verdad de las cosas, poniendo los pies en el suelo. Un sujeto **crítico** podrá ayudar poniendo a tiempo dificultades, expresando dudas y previniendo problemas y riesgos.

7. EL CICLO DE VIDA DE UNA COMUNIDAD DE PRÁCTICA VIRTUAL

La evolución y desarrollo de una comunidad de práctica virtual es muy semejante a la vida de los seres (nacen, crecen, se realizan y mueren). Aspectos esenciales como el interés sobre la mejora de la práctica, y los aprendizajes, el compartir recursos que ayuden a su desempeño, el tiempo de interacción y comunicación entre sus pares, contribución de sus miembros, son algunas de las variables que están presentes durante la vida de una comunidad de práctica virtual.

Veamos como ejemplo el gráfico siguiente que ilustra el Ciclo de Vida en una comunidad de práctica virtual, en la que participaron Padres y Apoderados (tutores) de varios centros educativos en Chile.

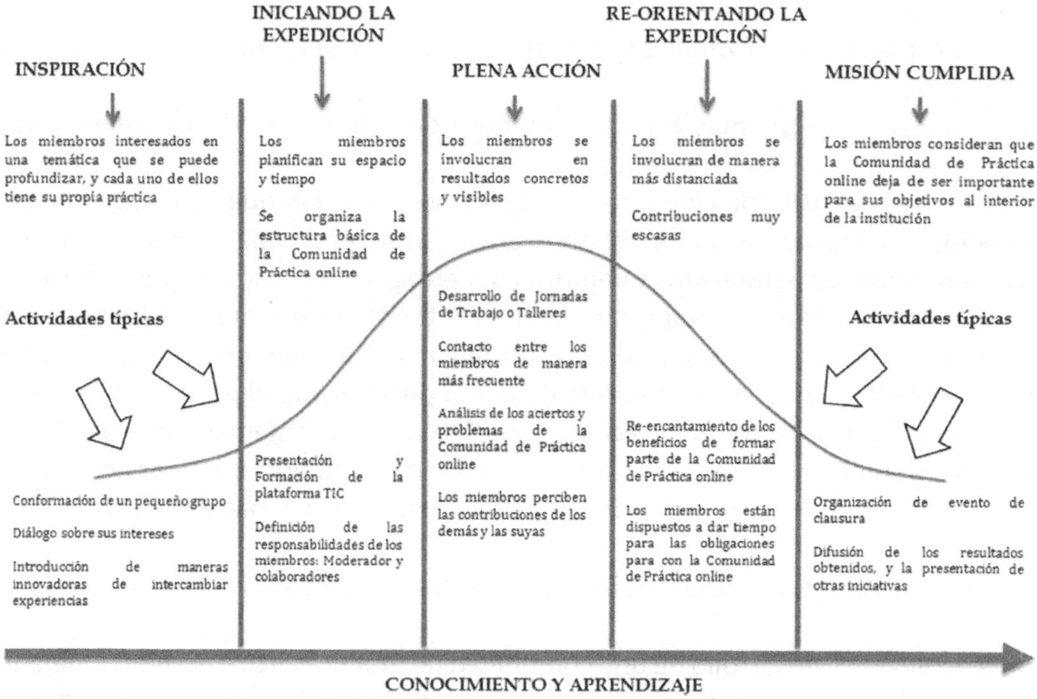

Ilustración 8. Etapas de una Comunidad de Práctica Virtual, en la cual se mencionan las distintas actividades típicas mientras funciona conforme a sus objetivos definidos por los miembros. Valdivia, J. (2009)[4].

8. PLATAFORMAS EN LA WEB: DIFUNDIENDO COMUNIDADES DE PRÁCTICA VIRTUALES

Las comunidades virtuales necesitan recursos tecnológicos que les permitan llevar a cabo su tarea de comunicación, interacción y desarrollo. Afortunadamente la tecnología nos ofrece una amplia variedad de recursos que permiten responder a la mayoría de las necesidades. En este apartado mostramos algunas plataformas disponibles en Internet, que disponen de las herramientas comunicacionales virtuales necesarias para crear y desarrollar una comunidad de práctica virtual.

[4] Tesis Doctoral. Comunidad de Práctica online: conocimiento y aprendizaje. Acceso electrónico en http://e-spacio.uned.es/fez/eserv.php?pid=tesisuned:Educacion-Jvaldivia&dsID=Documento.PDF

MOODLE

Ilustración 9. Sitio Web de Moodle. Disponible en http://docs.moodle.org/es/Portada

La plataforma Moodle está orientada a la formación y actualización de contenidos diversos, por lo que su aplicación es de preferencia para el sistema educativo. Tiene una interfaz de navegación con recursos tecnológicos amigables, ligeros, eficientes y compatibles. Basa su modelo pedagógico en el establecimiento de comunidades alrededor de un tema al cual se le asocian actividades, y reflexión crítica, entre otros aspectos. Esta plataforma se adapta mejor a los cursos más basados en la ***interacción*** entre los participantes. Ofrece total compatibilidad con otras aplicaciones complementarias como los programas de gestión de evaluación en línea llamados "*Hot Potatoes*", o "*Cmap Tools*" una aplicación para crear mapas conceptuales. Ofrece una serie de actividades para los cursos: foros, diarios, diálogos, cuestionarios, encuestas, tareas, entre otras. Lleva un registro y seguimiento completo de los accesos del alumno.

Se dispone de informes de actividad de cada estudiante, con gráficos y detalles sobre su ruta virtual por cada módulo o unidad (último acceso, número de veces que ha leído algún texto), así como también de una detallada historia de la participación de cada estudiante, incluyendo mensajes enviados, entradas en el diario, entre otros, en una sola página.

Actualmente se distribuye en 43 idiomas y está instalado en más de 4.000 sitios alrededor del mundo.

XOOPS

Ilustración 10. Sitio Web de Xoops. Disponible en http://www.esxoops.com/

La plataforma XOOPS (*eXtensible Object Oriented Portal System*) es un sistema de administración de contenido (CMS) que está escrito en lenguaje PHP. Permite a los administradores manejar sitios Web dinámicos, construir ***comunidades en línea***, gestionar usuarios y proveer contenidos a través de una interfaz sencilla. XOOPS se encuentra bajo los términos de la licencia pública general (GPL), y cualquier persona es libre para utilizarlo, modificarlo y redistribuirlo bajo los mismos términos de la GLP.

Mediante XOOPS se pueden crear módulos de noticias, crear weblog. Permite la incorporación de noticias, descargas, documentos, entre otros. Es relativamente sencillo de manejar, y genera código HTML y CSS bastante válido.

DOKEOS

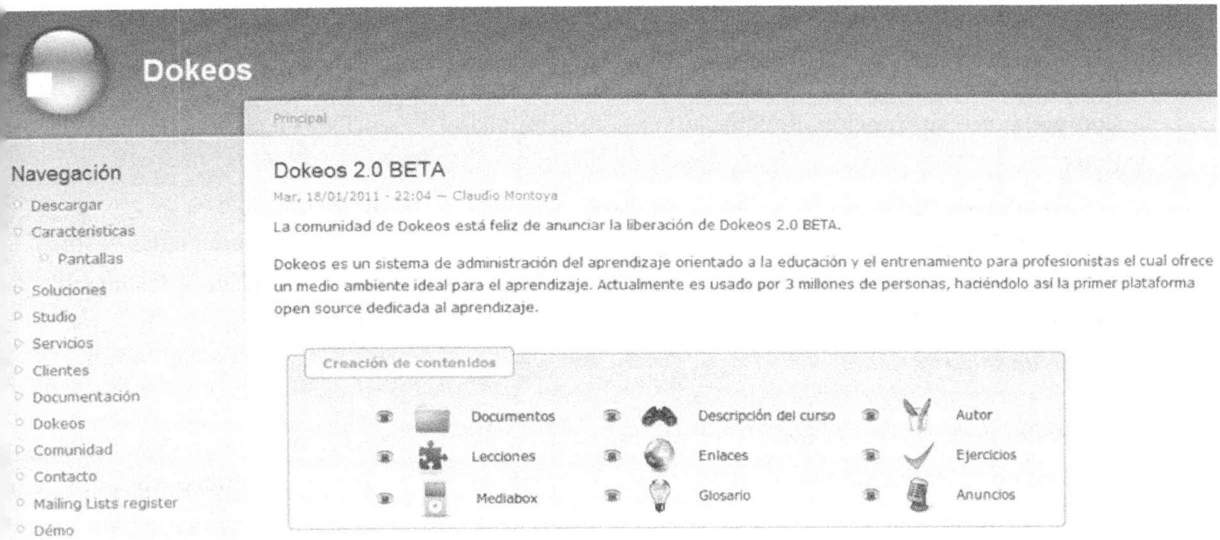

Ilustración 11. Sitio Web de Dokeos. Disponible en http://www.dokeos.com/es/node/872

Dokeos es una plataforma virtual de aprendizaje del tipo "open source". Su interfaz se organiza en base al concepto de curso como agrupación de diferentes tipos de recursos: contenidos, foros, autoevaluaciones. La modalidad de esta plataforma es del tipo ***auto-estudio*** asociada a elementos de colaboración y comunicación como apoyo al mismo. Es una plataforma intuitiva que puede ser usado por colegios (lecciones, contenidos multimedia), empresas (formación sobre sus productos para los empleados), entidades públicas o privadas (para la formación de nuevas normas a aplicar en una certificación determinada). La característica más destacada de Dokeos es que es una plataforma basada en Web y por ello se convierte en una herramienta muy flexible, y con ello les permite a los usuarios acceder a la plataforma desde cualquier locación. Entre las funcionalidades más relevantes se tienen:

a) Crear lecciones de manera muy sencilla. Se pueden importar presentaciones PowerPoint y Dokeos las adapta al formato de lecciones.
b) Crear Test de manera escalonada asociado a los niveles de la lección, asegurando con ello que es estudiante entienda y avance eficazmente en el Curso.
c) Añadir contenidos multimedia para que el aprendizaje sea ameno y eficaz.
d) Y para finalizar, existe la posibilidad de la videoconferencia en línea, que permite que el estudiante pueda conectar una webcam a su computador, y con ello visualizar al profesor o compañeros de Curso.

A modo de resumen, se citan algunas comparaciones entre estas plataformas virtuales:

MOODLE	XOOPS	DOKEOS
Compleja en su funcionalidad	Sencillez en su funcionalidad y manejo	Sencillez en su funcionalidad
Diseño sólido y rígido	Diseño intuitivo	Diseño amigable
Su modelo pedagógico está definido en el establecimientos de comunidades alrededor de un tema	Su modelo pedagógico está definido en el establecimientos de comunidades en línea	Su modelo pedagógico está definido en el establecimientos de cursos como agrupación
Se adapta mejor a los cursos basados en la interacción entre los participantes	Se adapta mejor a las comunidades que interactúan en líneas	Se adapta mejor a la modalidad de auto-estudio asociados a recursos de comunicación y colaboración
Mayores ventajas evaluativas estructuradas	No posee ventajas evaluativas estructuradas	No posee ningún gestor evaluativo

Ilustración 12. Algunas diferencias entre las distintas plataformas de creación de comunidades de práctica virtuales.

9. LA PARTICIPACIÓN EN UNA COMUNIDAD DE PRÁCTICA VIRTUAL

Un aspecto clave en las comunidades, es la participación de sus miembros, aspecto que permite, por un lado, fomentar la cohesión entre los integrantes, así como también evaluar la identidad y el compromiso de los miembros.

Participar es integrarse activamente en la comunidad con el fin de aportar valor a los objetivos definidos en su momento. Se entiende la participación como un proceso de involucramiento de personas y grupos en cuanto a sujetos y actores en las decisiones y acciones que les afectan a ellos o a su entorno.[5]

La participación de los miembros en las comunidades suele ser gradual. Lave & Wenger (1991), la denominan *participación periférica legitima*, que se caracteriza como el proceso de aprendizaje social en el que los principiantes se incorporan progresivamente, desde una posición periférica en cuanto a participación en la negociación de significados (léase colaboración), pasando a ocupar una posición cada vez más central como miembros legítimos (léase, toma de decisiones).

[5] Equipo Académico PARTICIPA: La participación como un valor. Documento de estudio, Corporación PARTICIPA, Santiago, Chile (2000).

Flamey, Gubbins & Morales (1999), diferenciaron cinco niveles de participación, que nos parecen interesantes, en su estudio sobre el involucramiento gradual de Padres en la comunidad educativa,

1. Informativo
2. Colaborativo
3. Consultivo
4. Toma de decisiones en relación a objetivos, acciones y recursos
5. Control de eficacia

A continuación, vamos a describir algunas características de los cinco niveles de participación[6] antes citados:

1. Informativo

Constituye el nivel mínimo de participación y se refiere a la disposición, por parte del profesor, de información clara y precisa sobre su quehacer pedagógico, sus planificaciones, sus evaluaciones, sus derechos y deberes como profesor del centro educativo, sus mecanismos formales e informales de comunicación con la comunidad educativa. También informa sobre los cambios y decisiones más importantes que vayan sucediendo en el año escolar, así como aspectos relacionados con el rendimiento y conducta del estudiante, especialmente en lo que respecta a sus logros. Se puede hacer a través de servicios como un Mural de Avisos, o Calendario de Eventos.

2. Colaborativo

Constituye el nivel más común de participación y se refiere a la cooperación de los docentes en actividades tales como: Olimpiadas de Ciencias por ejemplo, reparación de recursos didácticos, apoyo pedagógico para la adquisición de conocimientos a través de talleres o jornadas escolares, ayuda en la gestión administrativa (para recaudar fondos para invertir en materiales pedagógicos, revistas, material de laboratorio, etc.).

3. Consultivo

En este nivel se necesita el compromiso de parte del profesorado que estará dispuesto a responder a consultas sobre diversos temas de índole profesional o administrativa. El Foro puede ser uno de los servicios que permita la participación del profesorado en temas tales como: tipos de metodologías usadas en el aula, recursos didácticos más adecuados para una clase determinada, sobre los beneficios del Curso formación definido.

4. Toma de decisiones en relación a objetivos, acciones y recursos

Permite a los profesores asumir responsabilidades o cargos a nivel de la gestión pedagógica o administrativa del Departamento o Sección respectivo, escenario que se visualiza a través de la difusión existente en comunidad de práctica virtual. La definición de equipos para la ejecución de Proyectos Innovadores, la participación

---

6 Adaptación de los niveles de participación de los Padres y Apoderados según Flamey, Gubbins & Morales (1999) al contexto docente o del profesorado.

de determinados profesores elegidos a través de votaciones virtuales en decisiones escolares que fortalezcan la inclusión de contenidos escolares en los planes y programas de la escuela, o la compra de recursos didácticos para favorecer determinados aprendizajes (léase activos-participativos), son ejemplos de situaciones en que pueden verse involucrados profesores elegidos por sus pares en la comunidad de práctica virtual. También, se debe asegurar que el profesor elegido lleve las inquietudes y propuestas a los niveles más altos del centro educativo.

5. Control y eficacia

Este nivel otorga al profesor un rol supervisor del cumplimiento de los acuerdos consensuados en su momento en la comunidad de práctica virtual. Este rol, puede ser semejante al de Director del Departamento, que es un interlocutor válido y con derecho a aportar desde su mirada opiniones, sugerencias y acciones para contribuir al mejoramiento de la práctica pedagógica. Su labor puede verse fortalecida con servicios TIC presente en la comunidad de práctica virtual. , como el uso del Foro, el Chat, el Mural de Avisos, herramientas que permiten hacer un acompañamiento a la labor de sus pares en el aula, y por ende en el centro educativo.

Indicábamos en el apartado anterior, que las plataformas TIC pueden aportar soluciones a cada una de las necesidades y a cada una de las tareas a realizar en una comunidad de práctica virtual. En la ilustración siguiente hacemos la síntesis entre tareas y recursos asociada a cada nivel de participación.

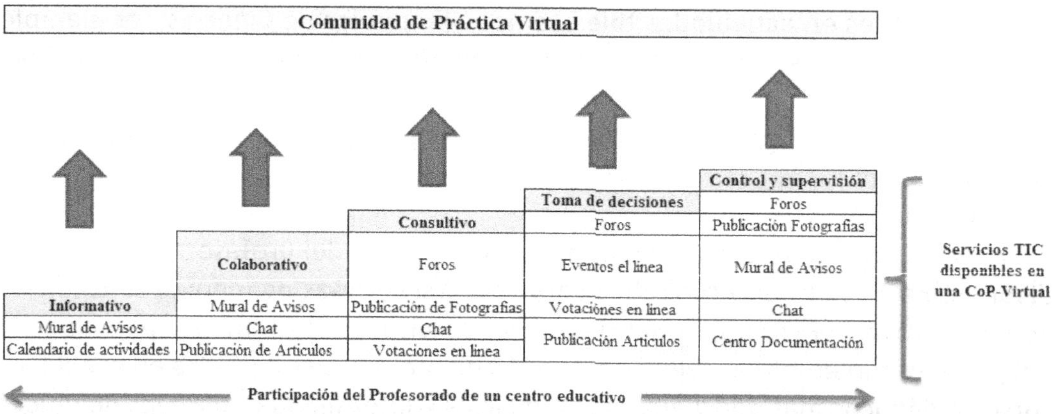

Ilustración 13. Etapas por las que puede transitar la participación de un miembro de una Comunidad de Práctica Virtual, y que tienen directa relación con los servicios TIC disponibles en la Plataforma.

Como una manera de ir delineando la participación de los miembros de una Comunidad de Práctica Virtual, en el mercado existe una aplicación llamada UCINET, concebido para un ambiente Windows, y es una de las herramientas más usadas para el análisis de Redes Sociales. Este software contiene tres programas básicos:

a) UCINET

Es un programa que funciona bajo el sistema operativo de Windows, y calcula los indicadores del Análisis de Redes Sociales. Está compuesto en la parte superior de una barra de herramientas de menús desplegables que varía según la versión, (File, Data, Transform, Tools, Network, Draw, Options, y Help), y con funcionalidades diferentes.

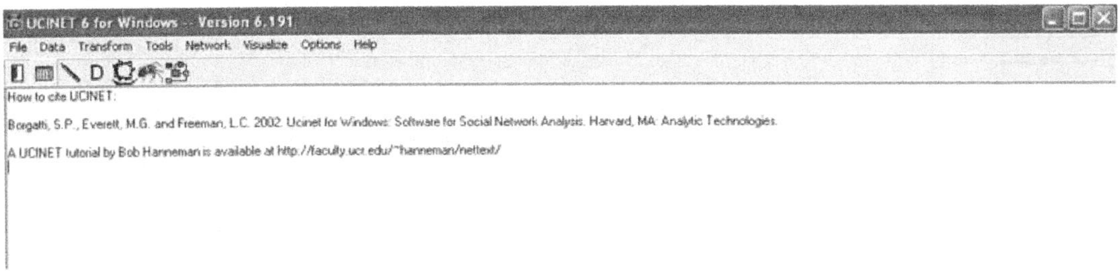

b) SPREADSHEET

Es un programa asociado a UCINET, y permite capturar los datos bajo la forma de una matriz. Este programa tiene un área de trabajo semejante a una Planilla de Cálculo, y permite importar datos desde Excel. Para poder generar una matriz con la finalidad de analizar, y graficar los datos, se presiona el menú *Data*, y se selecciona la opción *Spreadsheet Editor*, como se explicita más abajo:

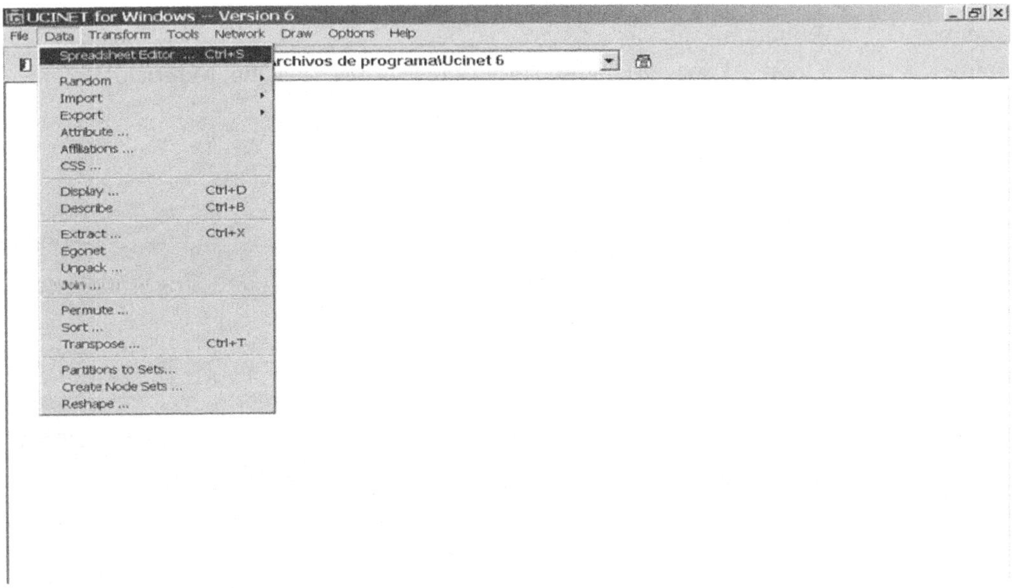

Una vez realizada esta acción, se visualiza la siguiente ventana:

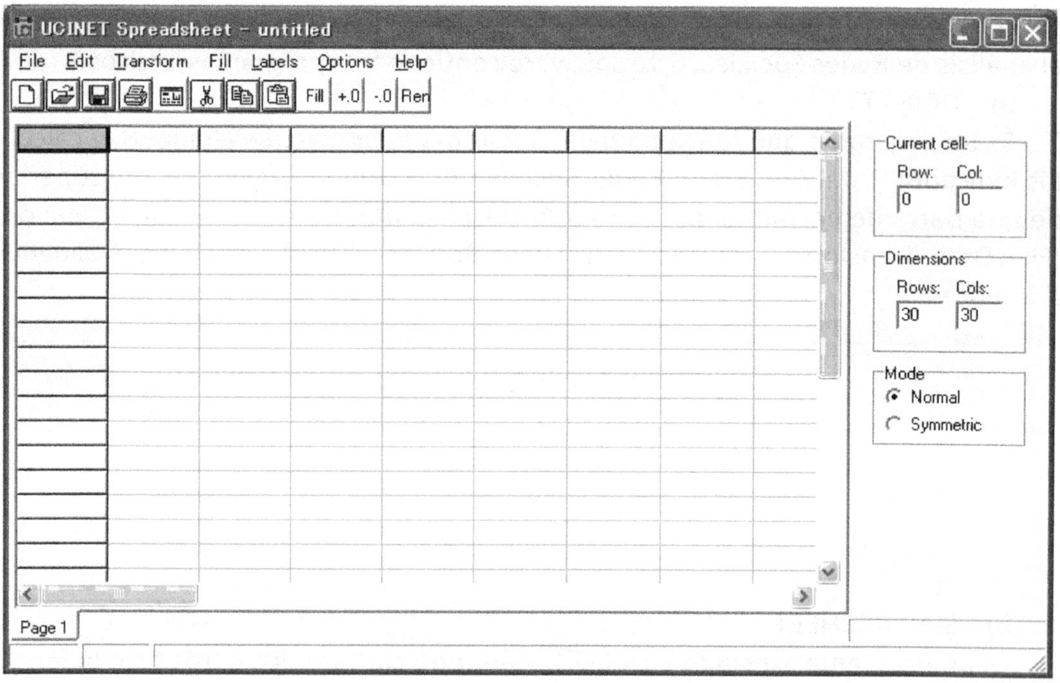

Antes de comenzar a introducir los datos en la matriz, se revisarán las relaciones que cada miembro de la comunidad dice tener con los demás nodos. El siguiente Cuadro proporciona de una manera sencilla las relaciones de amistad que declararon tener los miembros entre ellos:

Nombre	Tiene amistad con
Sandra	Claudio, Eduardo, Jaime, Katherine, Marisol, Meyling, Mauricio
Claudio	Sandra, Eduardo, Katherine,, Marisol
Eduardo	Sandra, Claudio, Katherine, Carlos
Jaime	Sandra, Marisol
Katherine	Sandra, Claudio, Eduardo, Mauricio, Carlos
Marisol	Sandra, Claudio, Jaime
Meyling	Sandra
Mauricio	Sandra, Katherine, Carlos
Carlos	Eduardo, Katherine, Mauricio

A continuación se muestran los valores consignados en el ambiente SPREADSHEET, y que se han capturado de cada nodo conforme a la relación entre ellos:

UCINET Spreadsheet - C:\Documents and Settings\Administrator\My Documents\ARSChile\Ucinet\Chile

File Edit Transform Fill Labels Options Help

	Sandra	Claudio	Eduardo	Jaime	Katherine	Marisol	Meyling	Mauricio	Carlos
Sandra	0	1	1	1	1	1	1	1	0
Claudio	1	0	1	0	1	1	0	0	0
Eduardo	1	1	0	0	1	0	0	0	1
Jaime	1	0	0	0	0	1	0	0	0
Katherine	1	1	1	0	0	0	0	1	1
Marisol	1	1	0	1	0	0	0	0	0
Meyling	1	0	0	0	0	0	0	0	0
Mauricio	1	0	0	0	1	0	0	0	1
Carlos	0	0	1	0	1	0	0	1	0

Cabe expresar que:

Se dará un valor de "1" a la existencia de la relación, y "0" a la ausencia de ella. Es importante aclarar que no es posible dar el valor de "1" en la celda que pertenece al mismo nodo, es decir, por ningún motivo se debe dar valor mayor de "0" a Sandra con Sandra, Claudio con Claudio, Eduardo con Eduardo, entre otros. De igual forma, no se debe dar valor mayor que "1". Se aclara que en algunas oportunidades si se pueden utilizar valores mayores a "1", pero solo cuando se trabaja con redes ponderadas. En este caso, solo se usan valores de "0" y "1".

c) NETDRAW

Este programa dentro de UCINET permite observar a los diferentes actores de una Red, con sus relaciones y características propias en forma de grafos simples (dos dimensiones). Las etapas de análisis de las redes sociales a través de estas tres herramientas informáticas se pueden resumir como sigue:

a) Recolectar datos a través de Encuestas o datos ya existentes
b) Transformar esos datos en valores que relacionan a los actores que forman parte de la Red
c) Generar una matriz a partir de los datos relacionales
d) Capturar las matrices en SPREADSHEET
e) Analizar desde el punto de vista cuantitativo usando UCINET (densidad de la red, grado de centralidad, poder de Bonacich, entre otros.)
f) Analizar desde el punto de vista de la gráfica a partir de NETDRAW

Para abrir este programa, existen dos maneras: a través del menú desplegable Draw, o a través del icono que se muestra a continuación:

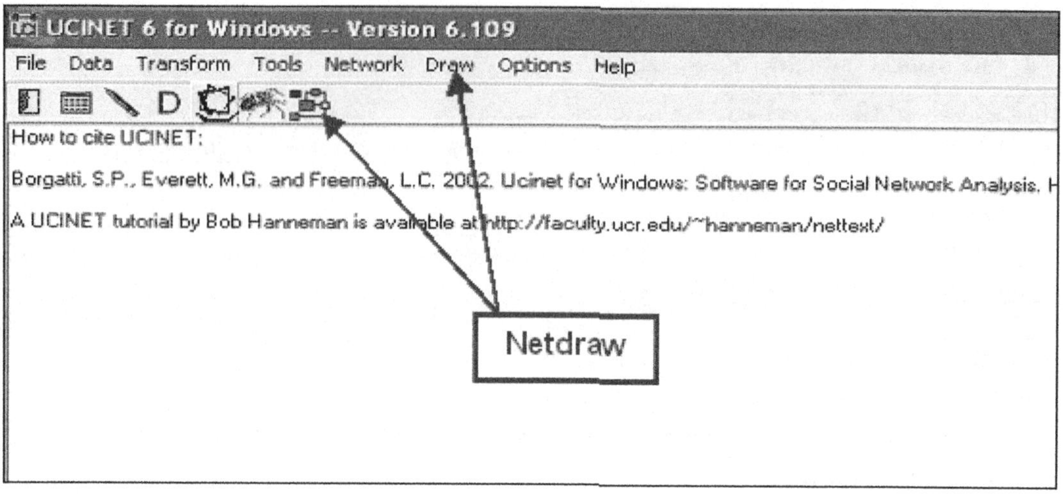

A continuación se presenta una interfaz análoga a todos los programas en ambiente Windows. Barra de menús y barras de herramientas de acceso directo:

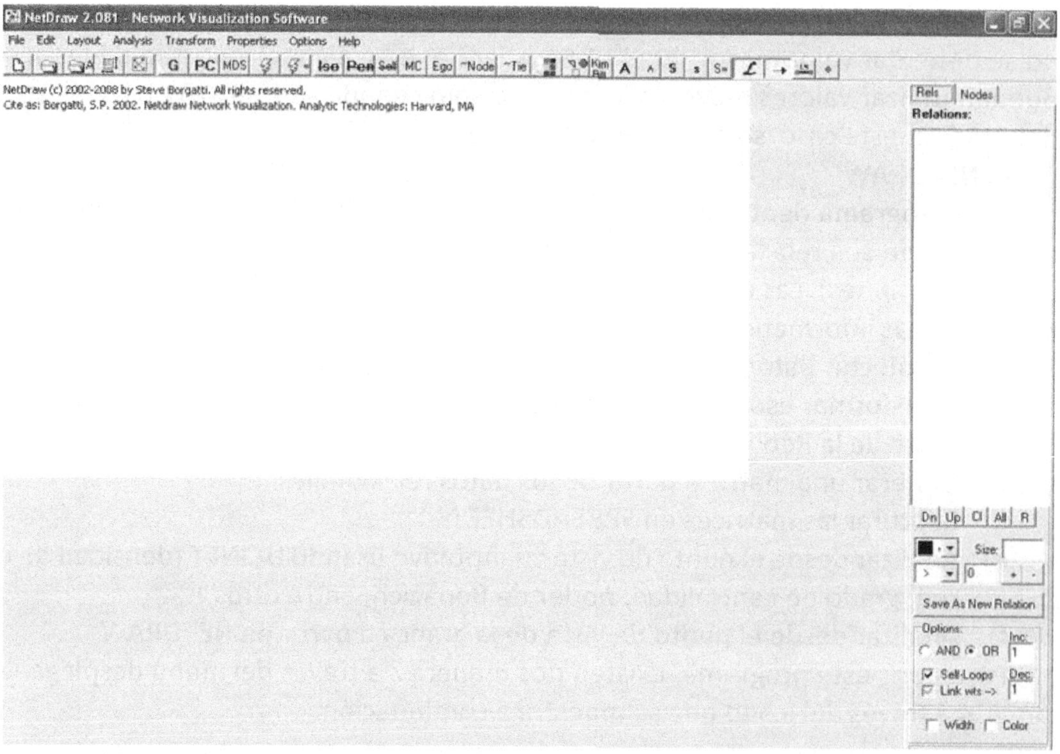

La primera etapa en el uso del NETDRAW que se verá en esta oportunidad es la importación de los datos relacionales. Para ello, se importará una matriz de datos capturados en SPREADSHEET para graficar la Red. Para facilitar la comprensión, se visualiza más abajo el icono que permite la importación de una matriz de datos[7]:

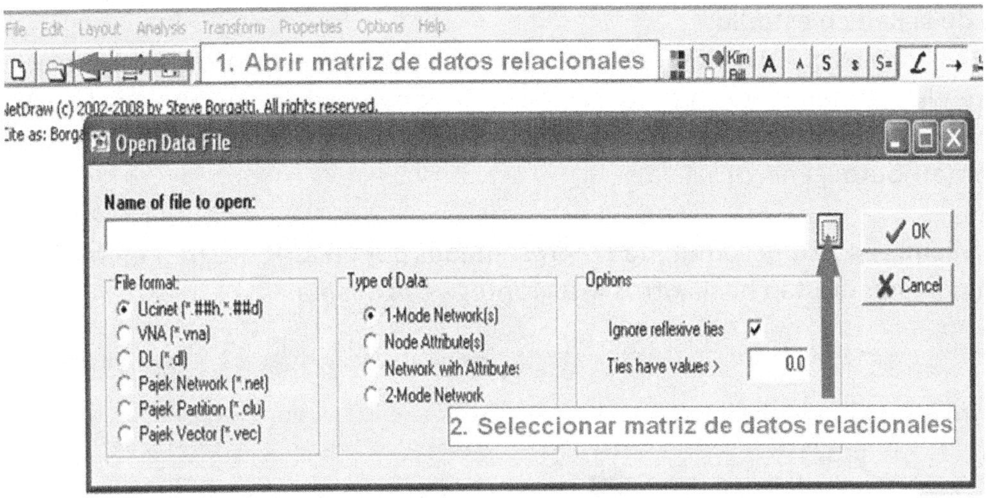

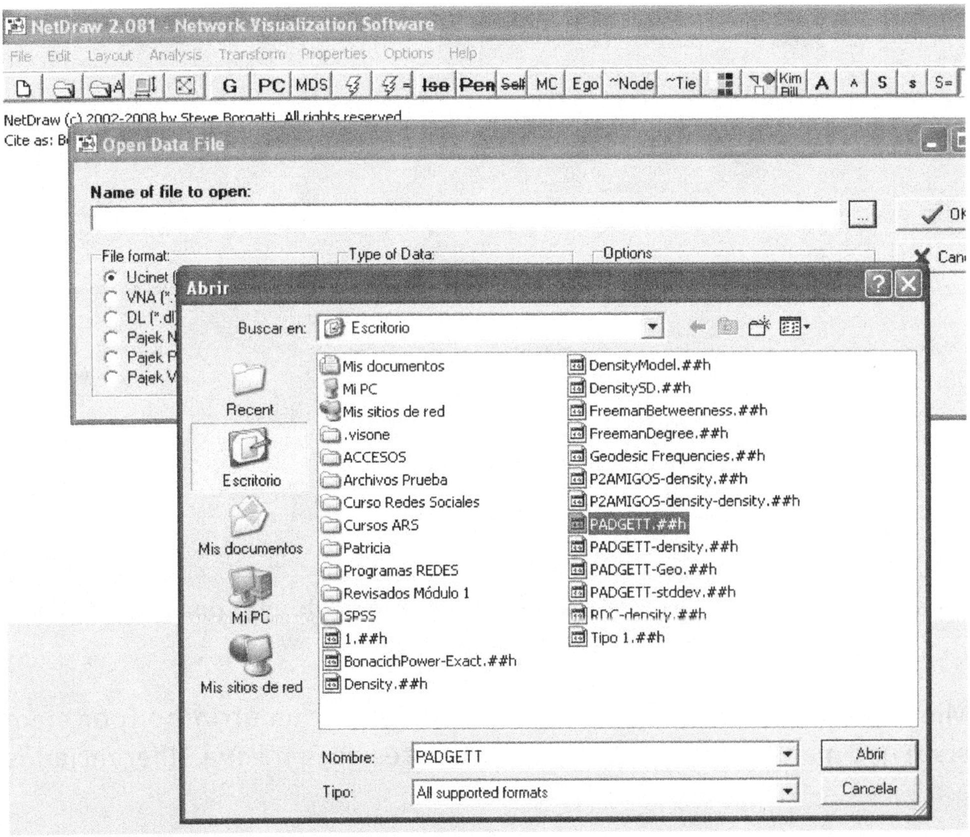

7 Extraído de "Primeros pasos con UCINET 6". Disponible en http://www.arschile.cl/ucinet/

Cabe citar que los archivos guardados en SPREADSHEET tienen extensión .##h. En este caso el archivo se denomina "PADGETT.##h".

Finalmente haciendo clic en OK, en la ventana *Open Data File*, se obtiene el gráfico de la Red en estudio.

Los gráficos que a continuación se esquematizan, muestran los lazos o relaciones entre ellos vienen dados por flechas. Las relaciones siempre están dadas en ambas direcciones, puesto que son reciprocas (simétricas), y los nodos diferenciados por color (atributo: género):

Miembros de una comunidad representados por un atributo (por ejemplo, amistad) que manifiestan hacia otros integrantes de la misma.

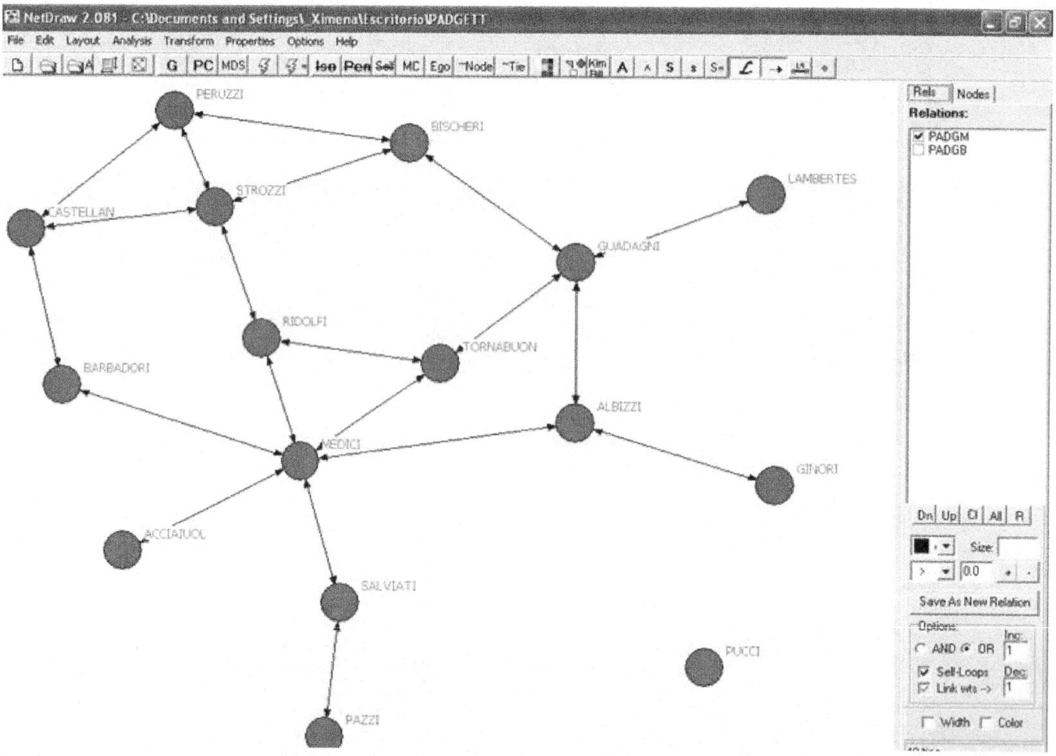

Ilustración 14. Detectando la participación de los miembros de una Comunidad de Práctica Virtual a través del software NetDraw.

Miembros de una comunidad representados por un atributo (por ejemplo, amistad) que manifiestan hacia otros integrantes de la misma, diferenciados por género.

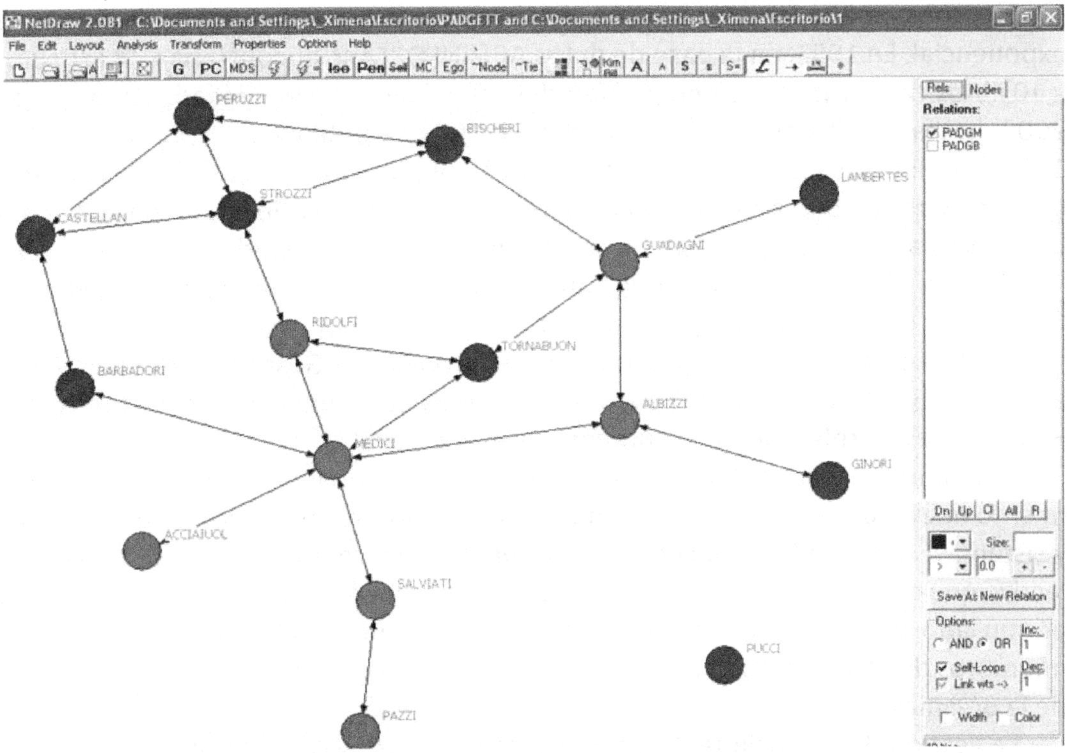

Ilustración 15. Nodos diferenciados en colores, según el atributo Género, usando para ello el software NetDraw.

10. GESTIONANDO EL CONOCIMIENTO EN UNA COMUNIDAD VIRTUAL DE PRÁCTICA

La gestión del conocimiento aparece históricamente como una toma de conciencia del valor del conocimiento como recurso y producto de la economía del conocimiento en la sociedad de la información. En 1970, Peter Drucker empleó por primera vez el término *knowledge worker* y empezó a escribir acerca de las personas cuyas experiencias y conocimientos son más importantes en una organización que sus habilidades físicas. Durante la década de los ochenta, en las organizaciones productivas se pusieron en marcha programas tendentes a mejorar su productividad basadas en iniciativas de mejora de la calidad: Total Quality Management, Business Process Reengineering y Six-Sigma.

Según, el mismo autor, el término "knowledge management", es decir, gestión del conocimiento, permitió que las grandes empresas (Xerox, IBM, Hewlett Packard) apoyaran y mantuvieran sus negocios en el conocimiento y *expertise* de sus empleados.

En pocos años la literatura sobre gestión del conocimiento ha crecido de forma exponencial. En 1992, en la base de datos ABI/INFORM se encontraban 34 artículos y 10 libros categorizados como gestión del conocimiento. Una década después, en 2002, había 3.138 artículos y 393 libros. En 2004 se publicaron 3.792 artículos y 122 libros. En esas fechas ya se contaba con 15 publicaciones periódicas arbitradas con alrededor de 500 artículos anuales. Los nombres que reciben son un reflejo de las temáticas del campo: "Journal of Information and Knowledge Management", "International Journal of Knowledge and Learning" y "Data Mining and Knowledge Discovery". (Gorelick, Milton, Kurt, 2004).

Cuando en mayo de 2013 preguntamos en Google por Gestión de Conocimiento aparecen 657.000 referencias. Y si escribimos Knowledge management encontramos 315 millones de referencias. El aumento es exponencial.

Definimos la gestión del conocimiento, como "la capacidad para crear conocimiento nuevo, diseminarlo en la organización e incorporarlo en productos, servicios y sistemas" (Nonaka & Takeuchi, 1995). Es un proceso complejo de tipo social y colectivo que ocurre en una organización o comunidad de prácticas virtual, que implica por un lado la captación de conocimiento, su transformación y la transferencia a los miembros de ella, hasta su almacenamiento e incorporación en todos los procesos de la organización.

La gestión del conocimiento es, por tanto, el proceso de identificar, ordenar y compartir continuamente conocimiento de todo tipo para satisfacer necesidades presentes y futuras, para identificar y explotar recursos de conocimientos tanto existentes como adquiridos y para desarrollar nuevas oportunidades (Sáez et al., 2009).

Una comunidad de práctica virtual debe aprovechar los conocimientos y experiencia de sus miembros, construyendo un sistema de Gestión del Conocimiento. El Moderador o el Presidente deben captar y filtrar la información que aportan cada uno de los miembros, y estructurarla para conformar repositorios o bases de datos que sirvan hacer más eficiente la práctica de sus integrantes.

En la comunidad de práctica virtual, la gestión del conocimiento se lleva a cabo a través del proceso de colaboración que se establece entre sus miembros, proceso que conlleva un aprendizaje efectivo de los mismos desde la mirada de la práctica, y que permite fomentar la cohesión grupal y la sustentabilidad.

El siguiente esquema nos presenta cómo se puede gestionar el conocimiento en una comunidad de práctica virtual:

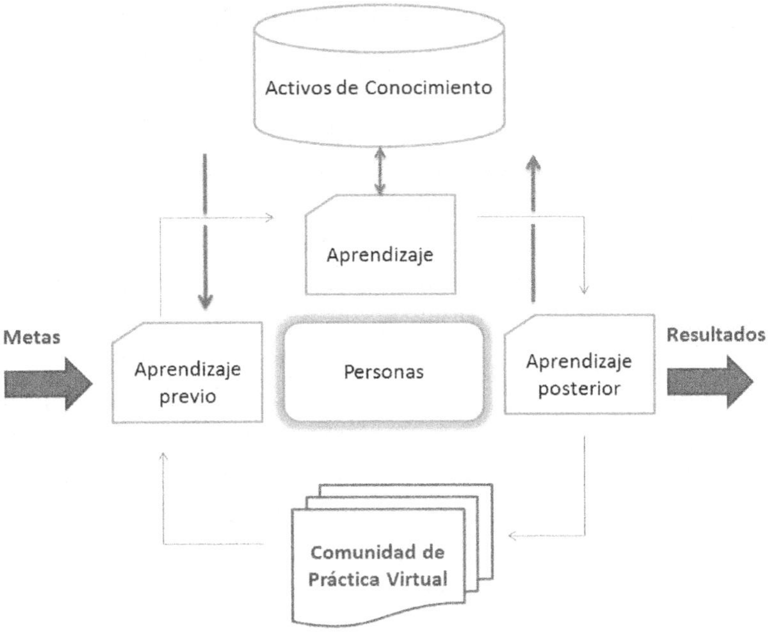

Ilustración 16. Flujo de conocimiento y aprendizaje en una Comunidad de Práctica Virtual[8].

Los activos de conocimiento, son los resultados de aprendizaje, y corresponden a las lecciones obtenidas a través de la experiencia de los miembros de la comunidad de prácticas virtual, y se utilizan como referentes en la organización, las personas y los grupos para lograr sus objetivos. En este caso, se pueden citar, las mejores prácticas, las historias que se recogen de la experiencia, los conocimientos de la organización y los registros y repositorios documentales de las personas, que luego son compartidas en la organización.

11. EL CONOCIMIENTO Y SU ESPIRAL EN LA ORGANIZACIÓN

Según, Nonaka & Takeuchi (1995), el conocimiento en una organización puede ser de dos tipos

a) Conocimiento tácito o implícito
b) Conocimiento explícito

El *conocimiento tácito*, es complicado de formalizar, y por lo tanto, difícil de comunicar. Es un conocimiento personal, formado por las experiencias personales o profesionales del individuo, a veces inconscientes.

Por el contrario, el *conocimiento explicito*, es formal y sistemático. Está codificado, por lo que se puede comunicar y compartir con cierta facilidad en la organización.

[8] Adaptación a partir de Gorelic, C., Milton, N., y April, K. (2004), en Performance through Learning. Knowledge Management in Practice.

En una organización, por ejemplo, en una comunidad de prácticas virtual, se pueden presentar transformaciones del conocimiento, que se resumen en cuatro posibles formas de intercambio:

1. Conocimiento tácito a tácito, denominado *socialización*, en donde los miembros de la organización adquieren nuevos conocimientos directamente de otros.
2. Conocimiento tácito a explicito, denominado *externalización*, en donde el conocimiento se articula de una manera concreta, a través del dialogo, esquemas, formulas, entre otras.
3. Conocimiento explícito a explícito, denominada *combinación*, en donde el conocimiento es compartido mediante textos, bases de datos, u otros recursos.
4. Conocimiento explícito a tácito, denominado *internalización*, en donde el conocimiento se integra a la propia experiencia del individuo.

El siguiente esquema, muestra las transformaciones asociadas al conocimiento, en una comunidad de prácticas virtual:

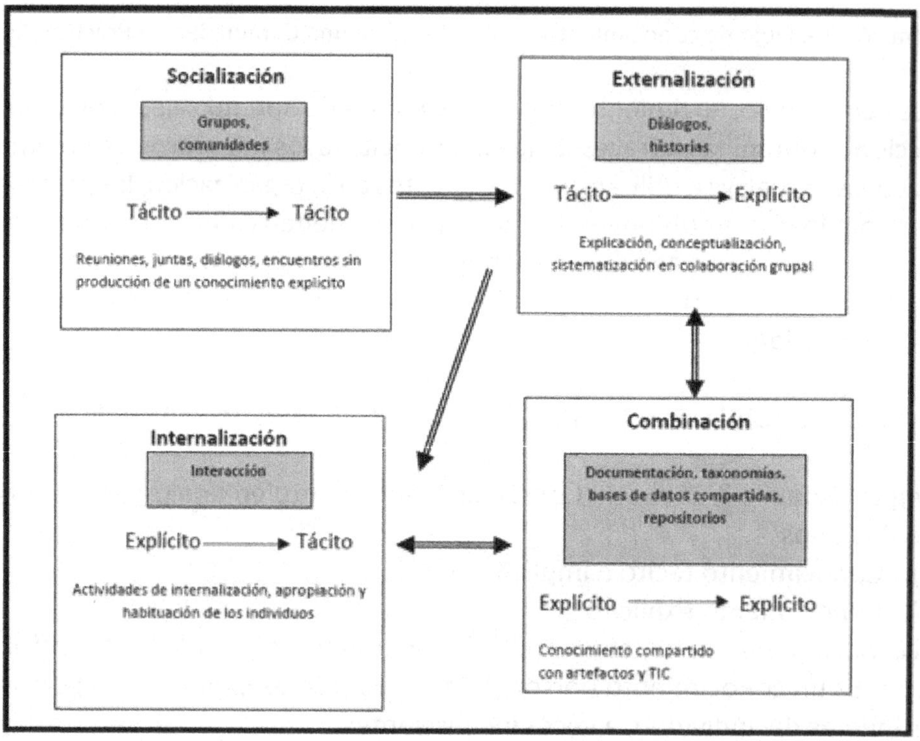

Ilustración 17. Espiral del Conocimiento, en donde se configura del conocimiento en una comunidad[9].

[9] Extraído de "Gestión del conocimiento en educación y transformación de la escuela". Disponible en http://portal.iteso.mx/portal/page/portal/Sinectica/Revista/SIN32_06

Se ha insistido varias veces en la importancia de las TIC en el desarrollo y puesta en práctica de las actividades de las comunidades de prácticas virtuales. A continuación, se citan las etapas que forman parte de la espiral del conocimiento con el aporte específico de las TIC en las actividades de ellas (Pérez & Dressler, 2007):

Procesos	TIC	Efectos de las TIC
SOCIALIZACIÓN	Comunidades Virtuales, Videoconferencia, groupware	Permite obtener conocimiento tácito a partir de otro conocimiento tácito, mediante la observación y práctica
EXTERIORIZACIÓN	Software de simulación, correo electrónico, groupware	Permite la descripción formal o representación del conocimiento tácito y su puesta a disposición de toda la organización
COMBINACIÓN	Internet, foros, correo electrónico, gestión documental	Permite el acceso, uso conjunto y almacenamiento de diferentes conocimientos explícitos, lo que facilita crear nuevos conocimientos
INTERIORIZACIÓN	Foros, simulaciones, comunidades de práctica, realidad virtual, inteligencia virtual	Permite el acceso a conocimientos explícitos y su asimilación y comprensión mediante la reflexión, simulación y la puesta en práctica

Ilustración 18. Aporte de las TIC a la espiral del conocimiento en una determinada organización[10].

12. CÓMO SER PARTE DE UNA COMUNIDAD DE PRÁCTICA VIRTUAL

En este apartado presentamos instrumentos de diagnóstico, que permitirán identificar estrategias para ir definiendo una comunidad de prácticas virtual en el centro educativo, y que pueden orientarse en tres direcciones Por ejemplo:

a) Conformando una comunidad de práctica en línea.
b) Mejorando la participación en la comunidad de práctica en línea.
c) Analizando el conocimiento y aprendizaje obtenido por la comunidad de práctica en línea.

Es importante evaluar la interacción y participación de los miembros en la comunidad, para conformar una comunidad de práctica virtual dinámica.

[10] Extraído de "Tecnología de la Información para la gestión del conocimiento". Disponible en http://redalyc.uaemex.mx/pdf/549/54930103.pdf

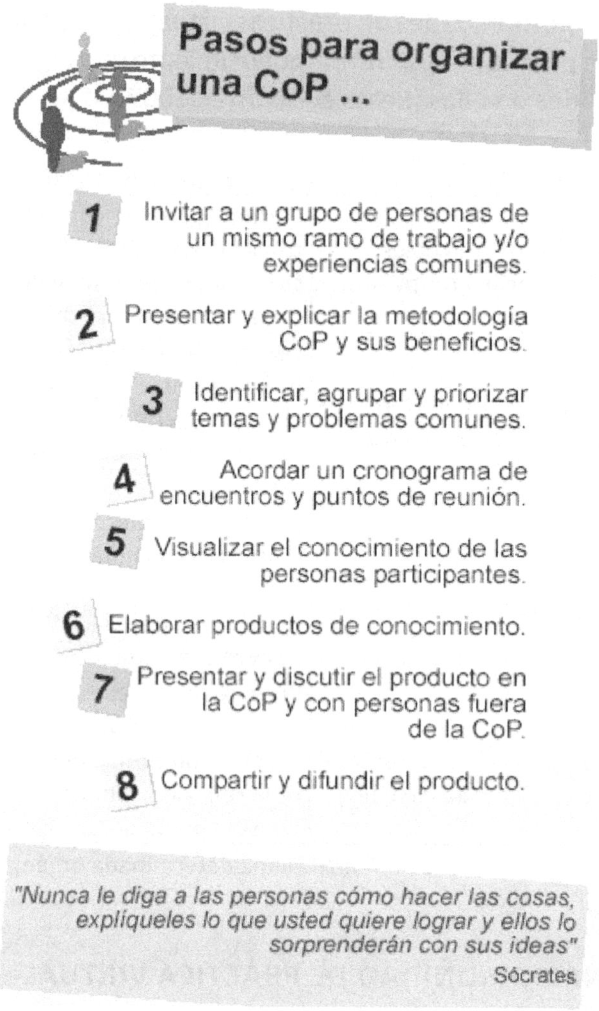

El esquema del lado izquierdo, muestra las etapas para conformar una Comunidad de Práctica, en donde el eje principal es el aprendizaje de la práctica de parte de sus miembros. Wenger (2001), explicita que "...la práctica es un proceso continuo, social e interactivo y la iniciación de los principiantes es simplemente una versión de aquello en lo que consiste la práctica". Eso es lo que observa en el esquema citado.

Comunidades de Práctica. Disponible en http://e-spacio.uned.es/fez/eserv.php?pid=tesisuned:Educacion-Jvaldivia&dsID=Documento.pdf

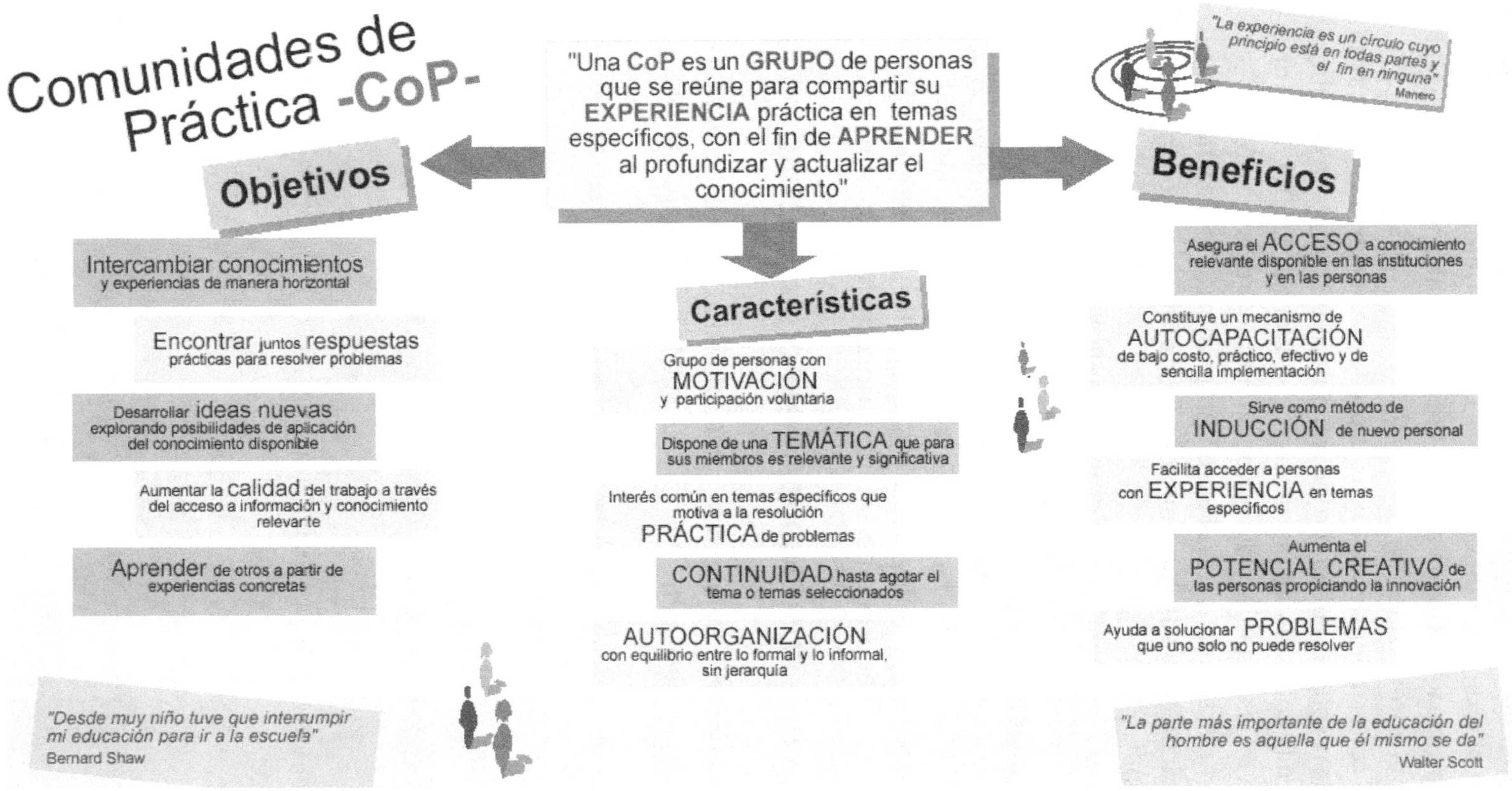

Comunidades de Práctica. Disponible en http://e-spacio.uned.es/fez/eserv.php?pid=tesisuned:Educacion-Jvaldivia&dsID=Documento.pdf

El esquema anterior, muestra una interesante visión de los escenarios que son relevantes considerar al momento de conformar una Comunidad de Práctica, en donde el interés y la participación tienen enormes repercusiones para lo que significa comprender y apoyar el aprendizaje.

El intercambio de conocimientos, la motivación, las experiencias compartidas, la participación para la resolución de un problema en común, son factores que ayudan una enormidad en la cohesión de la organización. Wenger (2001), replantea el aprendizaje que se da en las organizaciones, considerando tres aspectos:

a) Para los individuos, significa que el aprendizaje consiste en participar y contribuir a las prácticas de sus comunidades (Ver esquema anterior, asociado a los objetivos).
b) Para las comunidades, significa que el aprendizaje consiste en refinar su práctica y garantizar nuevas generaciones de miembros (Ver esquema anterior, asociada a los beneficios).
c) Para las organizaciones, significa que el aprendizaje consiste en sostener interconectadas las comunidades de práctica, a través de las cuales una organización sabe lo que sabe y, en consecuencia, llega a ser eficaz y valiosa como organización (Ver esquema anterior, asociado a las características).

13. PANORAMA DE UNA COMUNIDAD DE PRÁCTICA VIRTUAL

Se muestran a continuación ambientes de una Comunidad de Práctica Virtual para Padres y Apoderados desarrollada en Chile (2009), con la herramienta XOOPS.

Espacio destinado a publicar documentos importantes para el funcionamiento de la Comunidad de práctica virtual

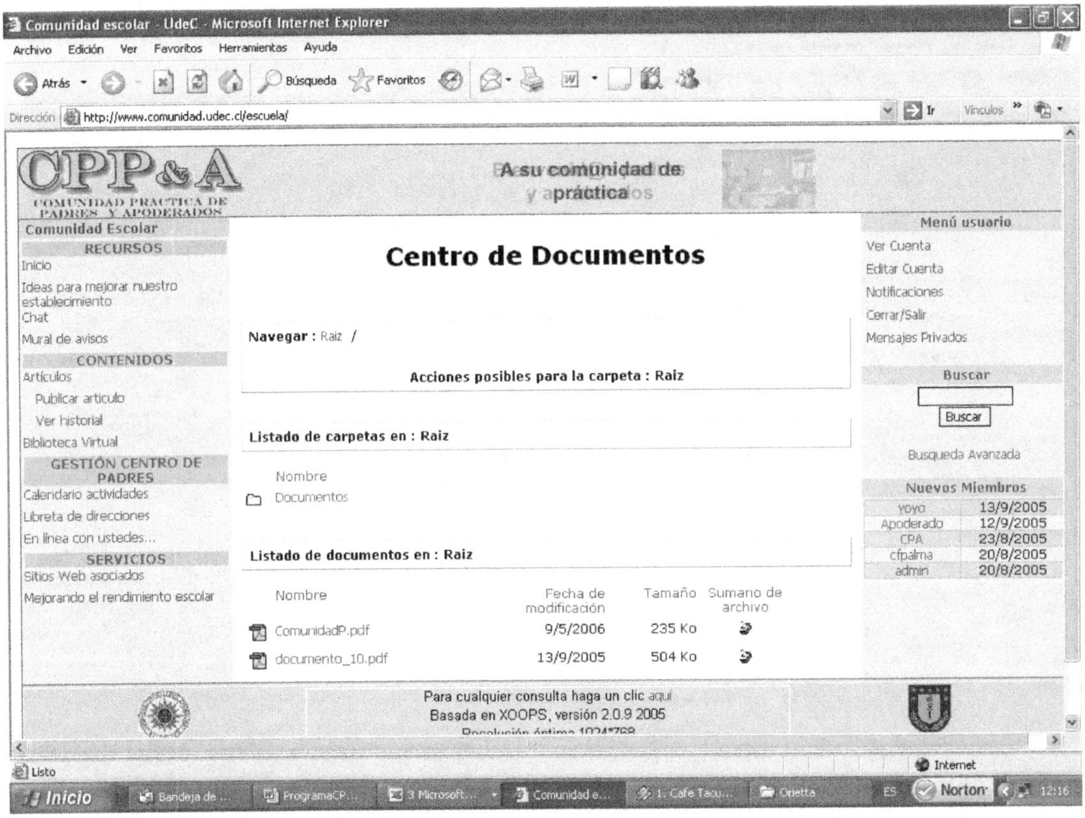

Ilustración 19. Ambiente Centro de Documentos o Archivos de la Comunidad de práctica virtual.

El Centro de Documentos, es un ambiente intuitivo para los Padres y Apoderados que les permite acceder a CONOCIMIENTOS sobre el tipo de organización de la cual forman parte, como por ejemplo:

a) Marco institucional de la Política de Participación de Padres, Madres y Apoderados en el Sistema Educativo.
b) Antecedentes sobre la de Participación de Padres, Madres y Apoderados en el Sistema Educativo.

Espacio destinado para comentar los principales sucesos o hechos de la Comunidad de práctica virtual.

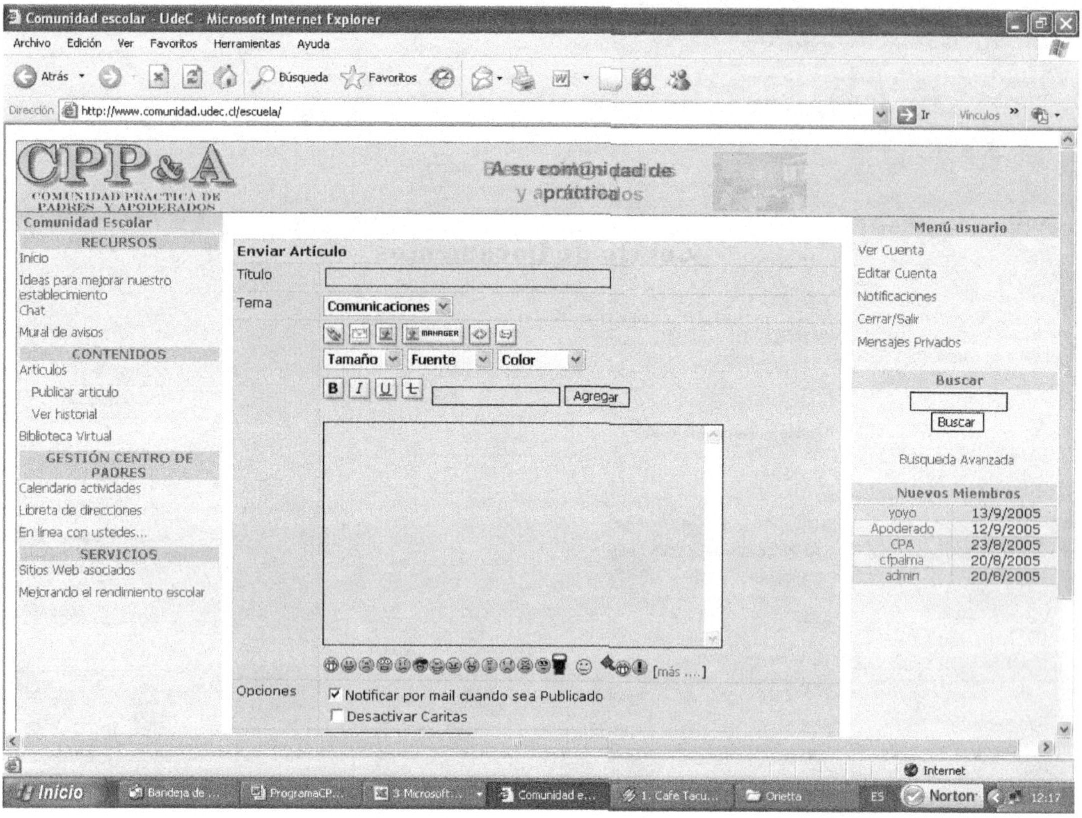

Ilustración 20. Ambiente para la Publicación de Artículos.

Este ambiente, es una ventana a los hechos que suceden en el centro educativo, y la utilizan los Padres y Apoderados para compartir historias de APRENDIZAJE de manera gráfica, asociadas a textos o artículos que retratan muy bien lo acontecido.

Espacio destinado para los miembros de la Comunidad de práctica virtual para consignar los principales compromisos contraídos para el cumplimiento de los objetivos propuestos.

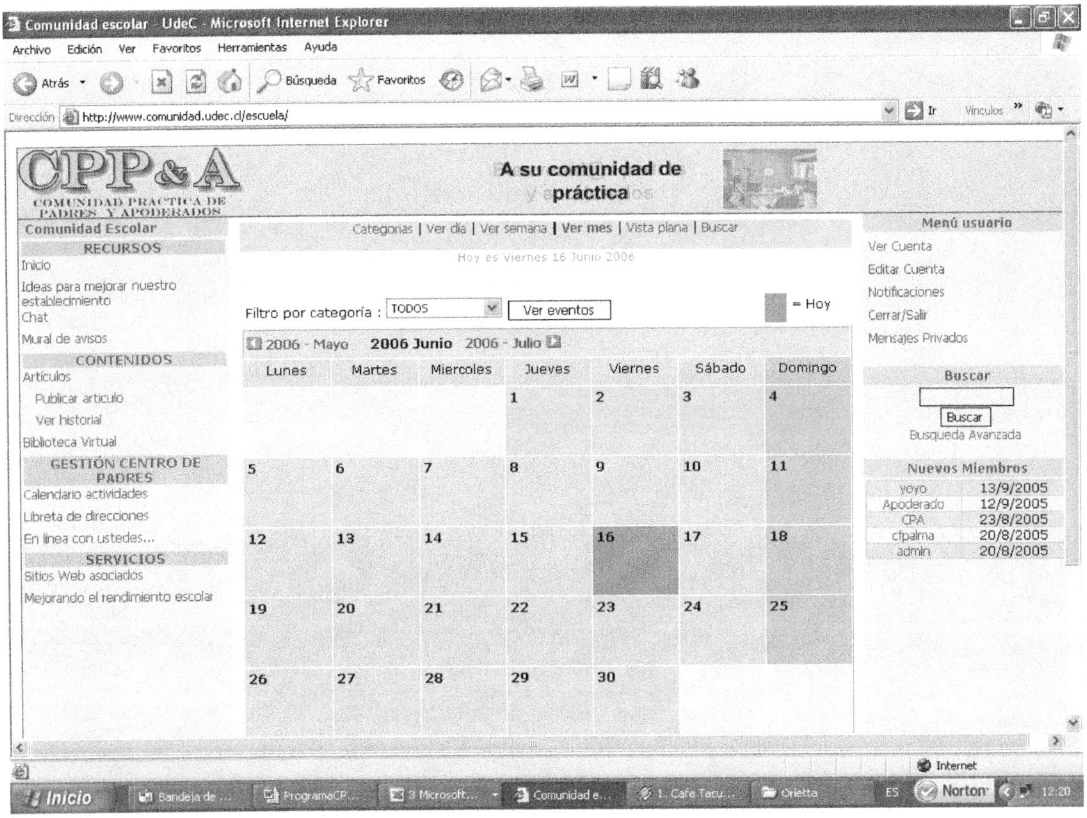

Ilustración 21. Ambiente para la publicación de los principales hechos planificados en la Comunidad de práctica virtual.

Espacio que sirve para ir publicando los principales eventos asociados al centro educativo desde la mirada de los Padres y Apoderados. Estos eventos son un proceso continuo de tipo social e interactivo, donde negocian significados y aprenden unos de otros de la práctica asociada a la organización.

IV. BUENAS PRÁCTICAS DE COMUNIDADES DE PRÁCTICA VIRTUAL EN EL CONTEXTO EDUCATIVO

Crear una comunidad de práctica virtual para el apoyo docente con el uso de TIC, es una opción innovadora, que posibilita la gestión del conocimiento pedagógico en un entorno amigable y virtual, transformando el conocimiento tácito del docente en conocimiento explícito a través de la *exteriorización* (Nonaka, 1994) que no es otra cosa que colocar a disposición de los otros el conocimiento didáctico a través de diálogos, y de la reflexión, entre pares, usando para ello, por ejemplo, los foros o los chat disponibles en la comunidad de práctica virtual.

> Las comunidades de práctica virtual representan escenarios que posibilitarían el intercambio de las mejores prácticas de los docentes, y el desarrollo de competencias pedagógicas y tecnológicas convergentes con los desafíos planteados por la UNESCO (Eduteka, 2008).

Veamos algunos ejemplos de cómo las comunidades de práctica virtual han sido una alternativa en el contexto educativo como una manera de mejorar, no solo la formación del profesorado, sino también como una opción en la integración de otras entidades al proceso educativo (Consejos Escolares, Padres y Apoderados, entre otros). Analizaremos tres categorías:

Descripción	Desde	Número de experiencias
Formación del Profesorado	1.1-1.4	4
Ámbito Primario y Secundario	2.1-2.18	18
Ámbito Universitario	3.1-3.10	10

1. FORMACIÓN DEL PROFESORADO

Se citan a continuación cuatro experiencias en donde se incorporan las Comunidades de práctica virtuales asociadas a la formación del profesorado en países como

España o Estados Unidos. Para estas experiencias se consideran una descripción y esquema resumen, o en su defecto una descripción, el público objetivo, y el sitio Web donde se puede encontrar mayor detalle de éstas comunidades:

1.1 Comunidades Virtuales de Práctica para el desarrollo profesional docente en enseñanza de las Ciencias. ESPAÑA

Experiencia, en donde se comentan los alcances de la comunidad virtual en el ámbito del desarrollo profesional docente en enseñanza de las ciencias en los primeros niveles educativos. Revista Electrónica de Enseñanza de las Ciencias. Para ello, y por una decisión del claustro del centro educativo se decide conformar una Comunidad de práctica virtual con apoyo de expertos de la Universidad local con la finalidad de mejorar la implementación de metodologías en el área de las Ciencias .Publicación en formato Adobe Reader. Disponible en http://reec.uvigo.es/volumenes/volumen7/ART10_Vol7_N2.pdf. España.

Para apoyar la lectura, se esquematiza la iniciativa:

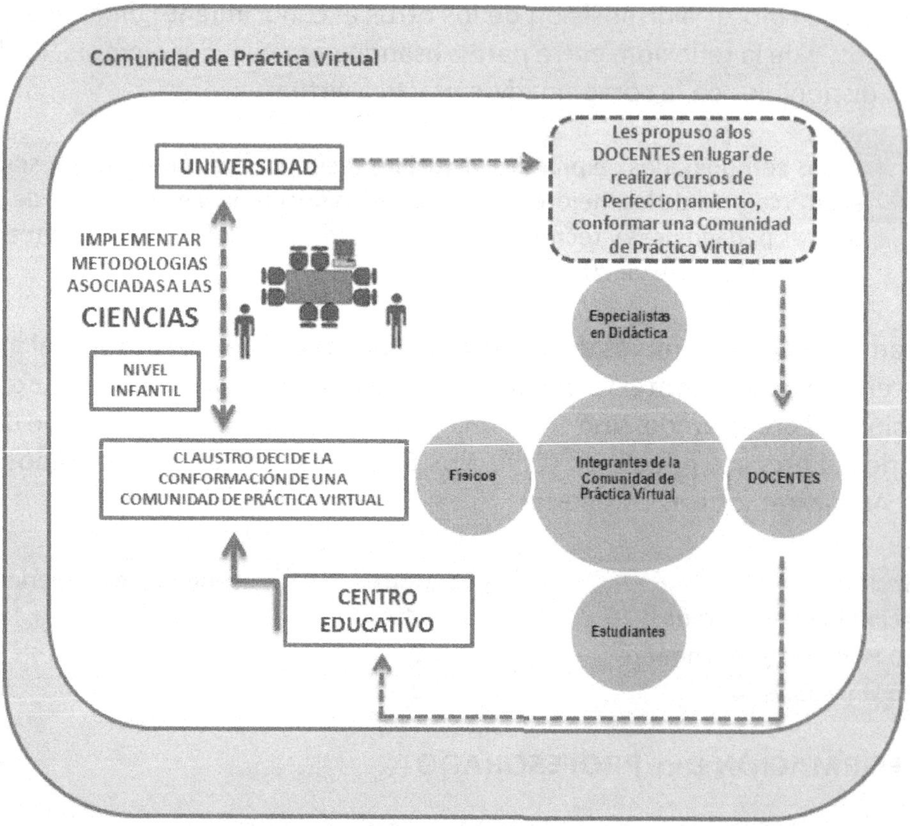

Ilustración 22. Secuencia de las diversas etapas para conformar una Comunidad de Práctica Virtual, en la cual participa un centro educativo y la Universidad.

1.2. Worldbridges. ESTADOS UNIDOS

Nombre	Descripción	Público objetivo
Worldbridges	Es una comunidad de práctica que proporcionan espacios y aplicaciones CMO para conectar en línea, aprender y colaborar. Tiene más de 500 miembros que comparten proyectos, experiencias y recursos. Proporciona además, información sobre Cursos y Talleres de Formación gratuitos de manera virtual, asociado a una amplia variedad de niveles de acuerdo a los conocimientos previos de los miembros de la comunidad.	Profesores de idiomas.

Dirección

http://aicole.wikispaces.com/Comunidades+virtuales

Sitio Web

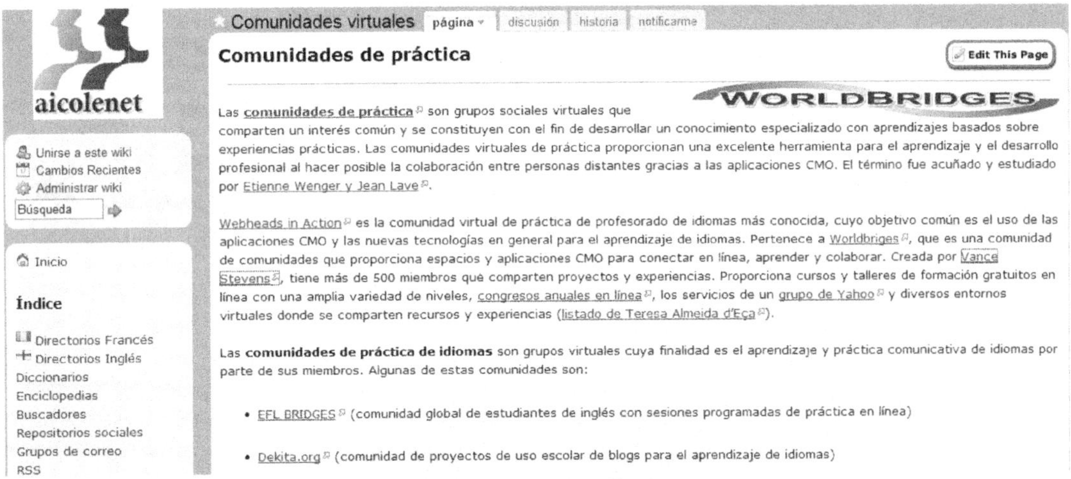

1.3. Educational Netbook Pilot. ESPAÑA, Y OTROS

Nombre	Descripción	Público objetivo
Educational Netbook Pilot	Proyecto que tiene por finalidad fomentar la enseñanza y el aprendizaje individualizado a través de la incorporación de Netbooks. Entre sus líneas de participación del profesorado, se tiene la conformación de comunidades de práctica para compartir recursos y conocimientos sobre la implementación en el aula.	Profesores de España, Alemania, Italia, entre otros.

Dirección

http://www.netbooks.eun.org/web/acer

Sitio Web

1.4. Propuesta de Formación del Profesorado de Ciencias. ESPAÑA

Nombre	Descripción	Público objetivo
Ciencias atractivas y divertidas	Se presenta una propuesta de formación del profesorado con la finalidad de mejorar la motivación e interés de los estudiantes hacia el aprendizaje de las Ciencias. El objetivo de este proyecto es la creación de una comunidad de práctica capaz de contribuir a la alfabetización científica desde la escuela y estimular así el interés de los jóvenes por los estudios científicos y tecnológicos.	Profesores de Ciencias.

Dirección

http://www.cac.es/cursomotivar/presentacion.jsp?lang=es_ES

Sitio Web

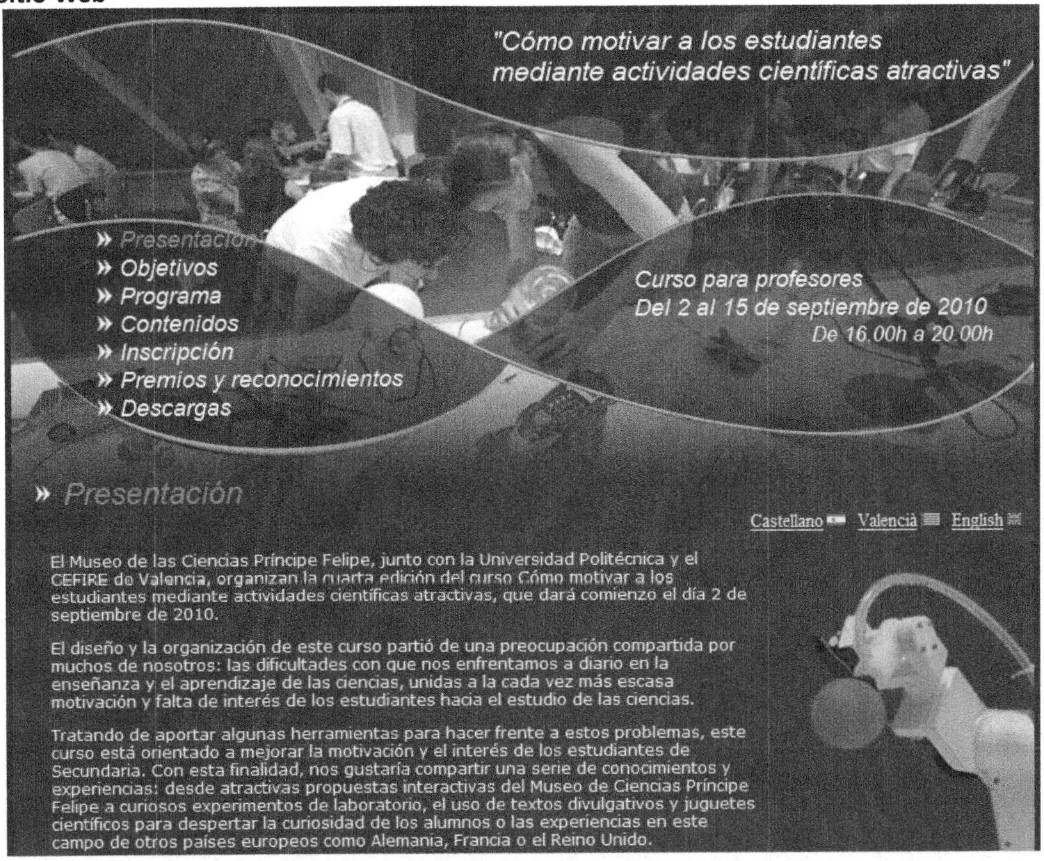

2. ÁMBITO PRIMARIO Y SECUNDARIO

Se citan a continuación variadas experiencias en donde se incorporan las Comunidades de práctica virtuales de España preferentemente asociadas a las temáticas como Geometría, Biología, Tecnología. Cada una de estas experiencias consideran una descripción, el público objetivo, y el sitio Web donde se puede encontrar mayor detalle con respecto a ellas:

2.1. Proyecto Europeo de Geometría Dinámica. Intergeo. ESPAÑA

Nombre	Descripción	Público objetivo
INTERGEO	Espacio virtual que fomenta la participación del profesorado, y la constitución y potenciación de Comunidades de Práctica de los programas de Geometría Dinámica, en particular la formación de profesores que estén dispuestos a incluir la Geometría Dinámica en su docencia.	Docentes de primaria y secundaria de España y Europa.

Dirección

http://i2geo.net/xwiki/bin/view/Coll_superjoe68/Elipse

Sitio Web

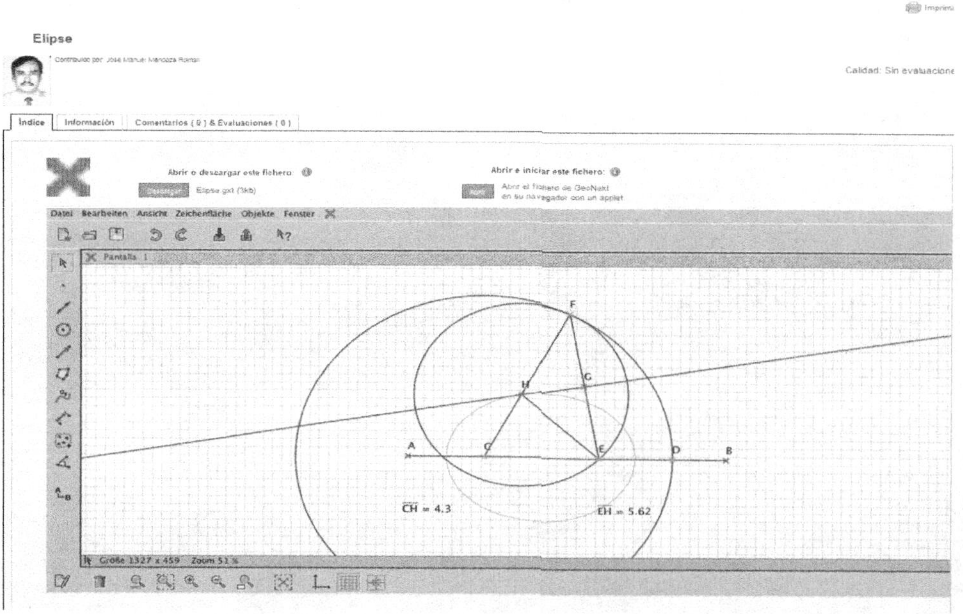

2.2. Comunidades de Práctica para docentes: Internet en el Aula. ESPAÑA

Nombre	Descripción	Público objetivo
INTERNET EN EL AULA	Espacio virtual que fomenta la participación del profesorado, y que fue creado en el año 2008. Está constituido por 137 grupos distinto (TIC en ESO, Biología, Matemática...), y en la actualidad tiene 7.000 miembros. Estas Comunidades de Práctica son de gran ayuda para la actualización profesional, y es clave la colaboración del profesorado, en especial, aquellos que tienen más experiencia en el uso de aplicaciones TIC	Docentes de primaria y secundaria de España.

Dirección

http://recursostic.educacion.es/artes/rem/web/index.php/es/musica-educacion-y-tic/item/300-comunidades-de-pr%C3%A1cticas-para-docentes-internet-en-el-aula

Sitio Web

2.3. Tecnología en ESO y Bachillerato. ESPAÑA

Nombre	Descripción	Público objetivo
INTERNET EN EL AULA	Espacio virtual en la que participan profesores del Grupo de Tecnología en Educación Secundaria (ESO) y Bachillerato, en lo que respecta a la didáctica, recursos, experiencias y metodología para esta Área. Se observa mucha participación, en especial en los Foros, y en el deseo de compartir conocimientos, y aprender sobre la temática.	Docentes de primaria y secundaria de España.

Dirección

http://internetaula.ning.com/group/tecnologaenesoybachillerato

Sitio Web

2.4. Las TIC en Religión. ESPAÑA

Nombre	Descripción	Público objetivo
INTERNET EN EL AULA	Espacio virtual en la que profesores de educación infantil, primaria y secundaria pueden compartir recursos, y participar de Foros, y otros servicios interactivos. Profesores de Málaga, Barcelona, son ejemplos concretos, de que la comunidad virtual de práctica es un medio para fortalecer el conocimiento y aprendizaje sobre la Religión.	Docentes de primaria y secundaria de España.

Dirección

http://internetaula.ning.com/group/lasticenreligion

Sitio Web

2.5. Las TIC en Infantil y Primaria. ESPAÑA

Nombre	Descripción	Público objetivo
INTERNET EN EL AULA	Es un espacio de intercambios de experiencias, herramientas, blog o videos sobre el acontecer escolar. Se cita, por ejemplo, el Proyecto Libro Virtual en Infantil de Andalucía, del establecimiento CEIP Enríquez Barrios, o los Audio-Puzzles para usar con la Pizarra Digital Interactiva. Buen espacio para visitar, y participar.	Docentes de primaria y secundaria de España.

Dirección

http://internetaula.ning.com/group/lasticeninfantilyprimaria

Sitio Web

2.6. Matemática & TIC. ESPAÑA

Nombre	Descripción	Público objetivo
INTERNET EN EL AULA	Es un espacio de intercambios de experiencias, y de recursos. Destacan los comentarios, sobre la importancia del software Geogebra, y sus variantes. Además, existen una variedad de Cursos que se colocan a disposición: Funciones Exponenciales, Funciones Reales, Geogebra 3D, entre otros.	Docentes de primaria y secundaria de España.

Dirección

http://internetaula.ning.com/group/matestic

Sitio Web

2.7. Física y Química. ESPAÑA

Nombre	Descripción	Público objetivo
INTERNET EN EL AULA	Es un espacio de intercambios de experiencias, y también de iniciativas asociadas a la Química. Destacan algunos Foros como "Organizar los recursos propios" o el "IYC2011". Además destacan, el acceso a Cursos de variadas temáticas, como Nomenclaturas, Introducción a la Astronomía, Química Básica, entre otros.	Docentes de secundaria de España.

Dirección

http://internetaula.ning.com/group/quimica

Sitio Web

2.8. Las TIC aplicadas en la Didáctica de la Filosofía. ESPAÑA

Nombre	Descripción	Público objetivo
INTERNET EN EL AULA	Es un espacio en plena construcción, con muy pocos miembros, y con deseos de compartir experiencias, y de aprender de los demás. Se espera, que esta comunidad virtual de práctica se vaya conformando gradualmente, con la finalidad de compartir no solo recursos, sino que también conocimientos sobre la temática.	Docentes de secundaria de España.

Dirección

http://internetaula.ning.com/group/filosofiaveracruz

Sitio Web

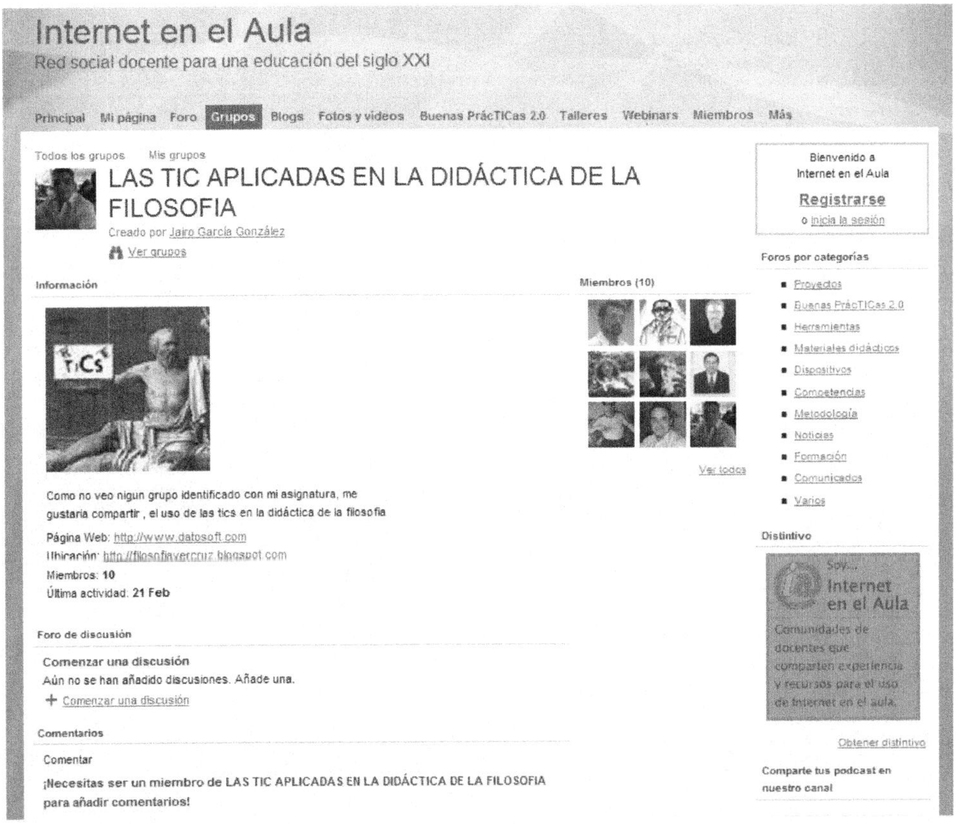

2.9. Biología-Geología. ESPAÑA

Nombre	Descripción	Público objetivo
INTERNET EN EL AULA	Es un espacio bien interesante, con aportaciones de videos, y recursos interactivos. Destacan los Foros "Un par de propuestas de trabajo cooperativo", y el "A allò concret". Destaca también, enlaces, como por ejemplo, a la "Clasificación de las Hojas" de una profesora de la Comunidad de Andalucía.	Docentes de secundaria de España.

Dirección

http://internetaula.ning.com/group/biologiageologia

Sitio Web

2.10. Aprendizaje colaborativo en las clases de Ciencias. ESPAÑA

Nombre	Descripción	Público objetivo
INTERNET EN EL AULA	Es un espacio dinámico y participativo, donde los Foros de Discusión marcan la diferencia con otras comunidades virtuales de práctica. Se discuten temas como el "Aprendizaje Basado en Problemas", los "Rincones de Aprendizaje", entre otros. Buen espacio, para el profesor que busca nuevas estrategias de aprendizaje para el aula.	Docentes de primaria y secundaria de España.

Dirección

http://internetaula.ning.com/group/fisicayquimicacontac

Sitio Web

A continuación, se consignan Comunidades de práctica virtuales relacionadas con temáticas educativas de Chile, México, Colombia, Estados Unidos, que relevan escenarios como:

a) Red de Escuelas Asociadas de la UNESCO
b) Pizarras Digitales Interactivas
c) Robótica Educativa
d) Padres y Apoderados
e) Consejos Escolares, entre otros

2.11. La participación docente en Comunidades de Práctica: educando en valores mediante el uso de recursos educativos abiertos. MÉXICO

Experiencia que presentan los resultados de un estudio en el que, bajo un paradigma de investigación-acción, se acompañó a un grupo de docentes de dos escuelas primarias públicas en Nuevo León quienes identificaron juntos un conjunto de Recursos Educativos Abiertos (REA) para la enseñanza en las áreas de cultura de paz, derechos humanos y ciudadanía, desarrollo humano sustentable y multiculturalidad. Disponible en http://www.comie.org.mx/congreso/memoria/v10/pdf/area_tematica_07/ponencias/1686-F.pdf . México.

2.12. Conformación de Comunidades de Práctica entre docentes de la Red PEA-UNESCO: Retos y Oportunidades. MEXICO

Experiencia que responde a la forma de cómo los docentes de la Red de Escuelas Asociadas (PEA) de la UNESCO en Monterrey, desarrollan su labor docente como miembros de una comunidad de práctica que busca coadyuvar el logro de los objetivos de la UNESCO. Disponible en http://es.scribd.com/doc/50311544/9689010204-pp95 . México.

2.13. Comunidad de Práctica: un espacio para los Consejos Escolares. CHILE

Experiencia de investigación desarrollada en establecimientos públicos, y que define tipologías de esta organización escolar, basada en la participación de sus miembros en el centro educativo. Disponible en http://www.redenlaces.cl/cedoc_publico/1289479485Paper_CE.pdf. Ministerio de Educación. Chile.

2.14. Comunidad de Práctica de Padres y Apoderados. CHILE

Nombre	Descripción	Público objetivo
Comunidad de Práctica de Padres y Apoderados	Espacio virtual que fomenta la participación en sus diferentes niveles de los padres y apoderados de un centro educativo. Tiene evidencias que demuestran no solo la importancia del Moderador en la Comunidad Virtual de Práctica, sino que se establece una evaluación de proceso de la interactividad permanente del tercer eje educativo. Los Padres.	Padres y Apoderados, o su equivalente a la AMPAS española (Asociación de Madres y Padres de Alumnos).

Dirección

http://www.comunidad.udec.cl/

Sitio Web

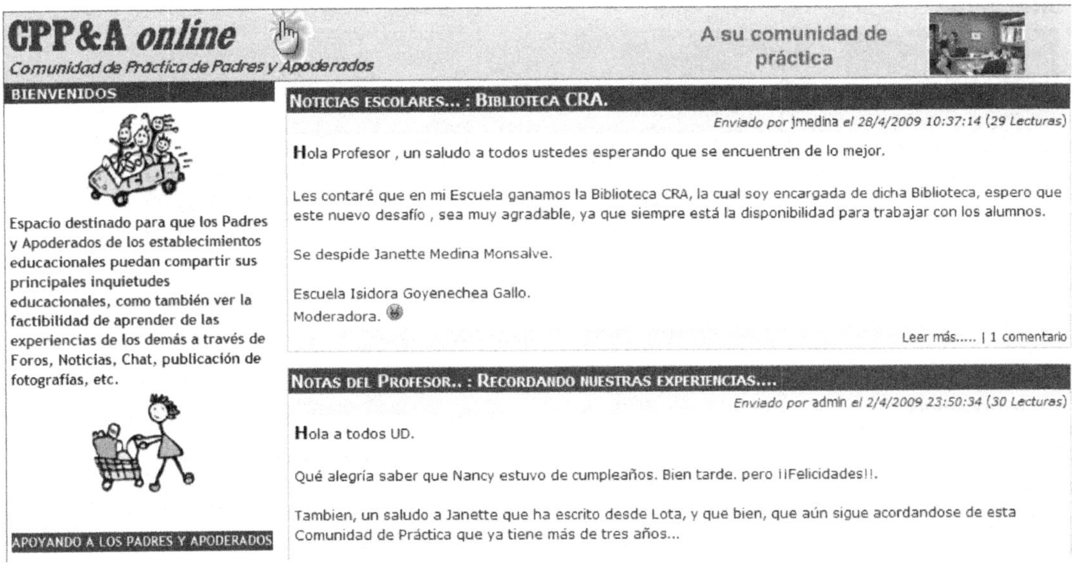

2.15. Pizarras Digitales Interactivas. CHILE

Nombre	Descripción	Público objetivo
Pizarras Digitales Interactivas	Sitio Web que permite intercambiar y compartir recursos, experiencias de aprendizaje y conocimiento sobre la incorporación de la Pizarra Digital Interactiva. Dispone de una serie de buenas prácticas de uso de la Pizarra Digital aplicadas en el aula, que le permitirá disponer de marcos de referencia al momento de elaborar una propuesta con sus estudiantes. Se necesita Registrase.	Alumnos y Profesores de ESO

Dirección

http://www.pizarras.cted.udec.cl/

Sitio Web

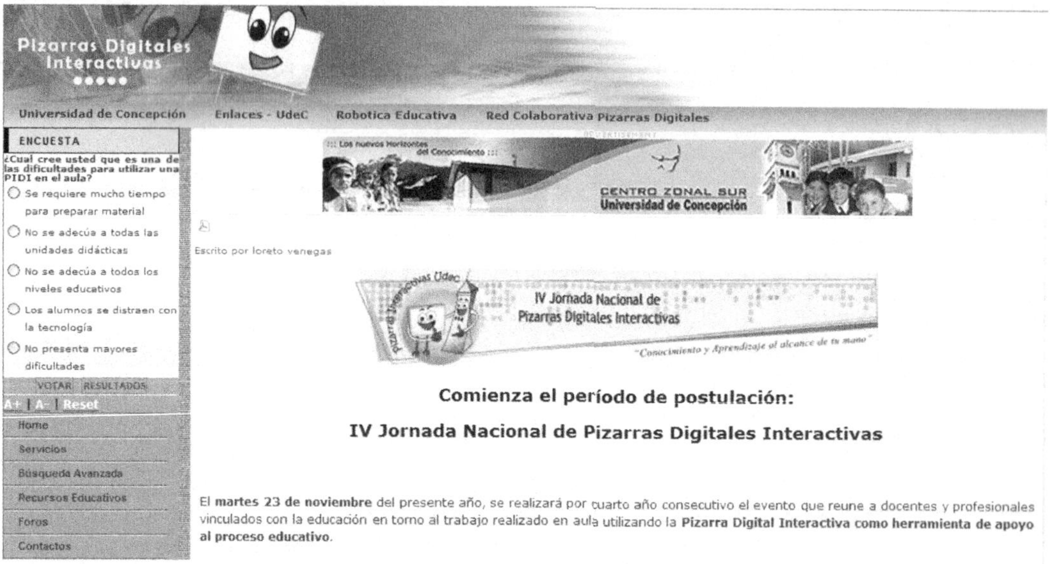

2.16. Robótica Educativa. CHILE

Nombre	Descripción	Público objetivo
Robótica Educativa	Sitio Web que permite intercambiar y compartir recursos, experiencias de aprendizaje sobre la Robótica Educativa. Una de sus líneas de trabajo es una comunidad de práctica en donde se comparten conocimiento sobre la implementación de prácticas pedagógicas asociada a la Robótica Educativa. Se necesita Registrase.	Alumnos y Profesores de ESO

Dirección

http://www.roboticaeducativa.udec.cl/

Sitio Web

2.17. Proyecto CONGENIA. COLOMBIA

Nombre	Descripción	Público objetivo
Proyecto CONGENIA	Proyecto colombiano que tenía por finalidad mejorar el desempeño docente con apoyo de las TIC. Para lo expuesto se desarrollaron comunidades de práctica para reflexionar desde la praxis educativa.	Profesores del centro educativo.

Dirección

http://congenia.blogspot.com/

Sitio Web

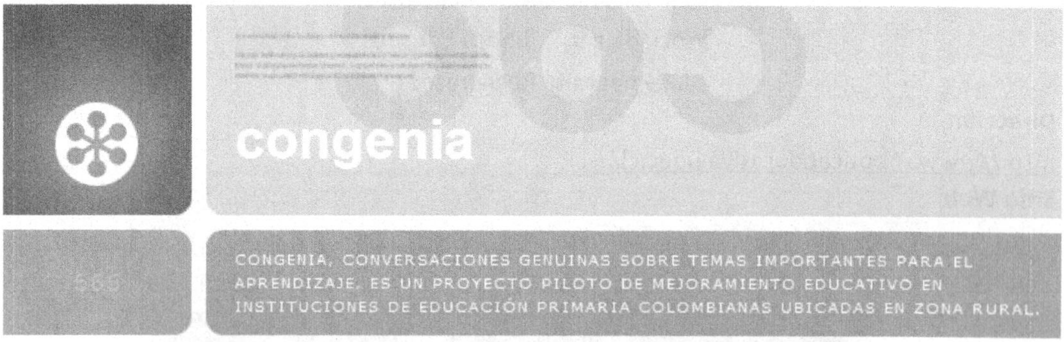

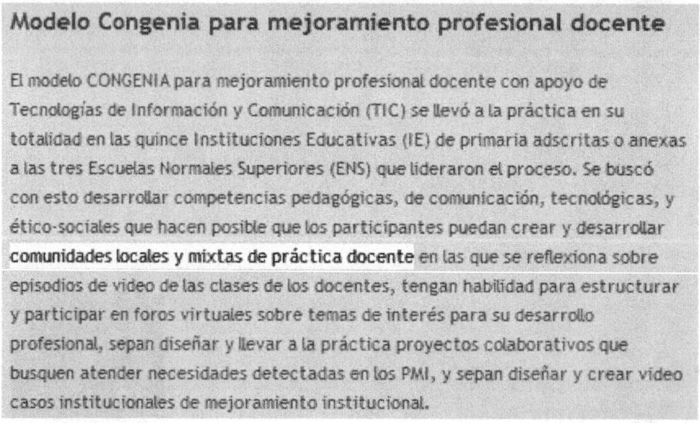

Modelo Congenia para mejoramiento profesional docente

El modelo CONGENIA para mejoramiento profesional docente con apoyo de Tecnologías de Información y Comunicación (TIC) se llevó a la práctica en su totalidad en las quince Instituciones Educativas (IE) de primaria adscritas o anexas a las tres Escuelas Normales Superiores (ENS) que lideraron el proceso. Se buscó con esto desarrollar competencias pedagógicas, de comunicación, tecnológicas, y ético-sociales que hacen posible que los participantes puedan crear y desarrollar comunidades locales y mixtas de práctica docente en las que se reflexiona sobre episodios de video de las clases de los docentes, tengan habilidad para estructurar y participar en foros virtuales sobre temas de interés para su desarrollo profesional, sepan diseñar y llevar a la práctica proyectos colaborativos que busquen atender necesidades detectadas en los PMI, y sepan diseñar y crear video casos institucionales de mejoramiento institucional.

2.18. NewTeacherCenter. ESTADOS UNIDOS

Nombre	Descripción	Público objetivo
NewTeacherCenter	Comunidad de práctica conformada por los actores escolares: educadores, padres, políticos, con la finalidad de participar de discusiones y colaborar en función de las mejores prácticas educativas, y modelos eficaces para mejorar los aprendizajes de los estudiantes.	Profesores y comunidad del centro educativo.

Dirección

http://community.newteachercenter.org/

Sitio Web

3. ÁMBITO UNIVERSITARIO

El contexto universitario también aporta con experiencias que incorporan las Comunidades de práctica virtuales en su quehacer académico, y se asocian por ejemplo a:

a) Acceso y uso de contenidos
b) Innovación didáctica
c) Resolución Colaborativa de Problemas-Web Semántica-Comunidades de Prácticas Virtuales
d) Promoción el desarrollo profesional docente
e) Aprendizaje y software social, entre otros.

A continuación se citan algunas consideraciones de ellas, complementadas con enlaces en la Web que disponen de mayor información:

3.1 Comunidades de Práctica Virtuales: acceso y uso de contenidos. ESPAÑA

Experiencia en que se muestra la importancia del Moderador el cual garantiza la funcionalidad de la comunidad de práctica virtual, además de promover la participación y gestión de los contenidos en la organización. Revista de Universidad y Sociedad del Conocimiento. Publicación en formato Adobe Reader. Disponible en http://www.uoc.edu/rusc/2/2/dt/esp/sanz.pdf . España.

3.2 Comunidad de Práctica Virtual. Una estrategia para la innovación didáctica. COSTA RICA

Experiencia que articula las TIC en la docencia universitaria a través de la puesta en escena de una comunidad de práctica que permita compartir experiencias y una red de apoyo, difusión y conocimiento compartido. Publicación en formato Adobe Reader. Disponible en http://www.unavirtual.una.ac.cr/. Costa Rica.

3.3. Creando comunidades de práctica educativa en la Universidad. Un estudio de casos en la asignatura de Nuevas Tecnologías aplicada a la educación. ESPAÑA

Experiencia que aborda la descripción y análisis de una Comunidad de Práctica asociada a la Formación en Tecnologías. Publicación en formato Adobe Reader. Disponible en http://rodin.uca.es:8081/xmlui/bitstream/handle/10498/7786/33194956.pdf?sequence=1. España.

3.4. Procesos colaborativos en Comunidades de Prácticas Virtuales. ARGENTINA

Experiencia investigativa que incorpora conceptos relevantes sobre Resolución Colaborativa de Problemas-Web Semántica-Comunidades de Prácticas Virtuales y Resource Description FrameWorks. Publicación en formato Adobe Reader. Disponible en http://www.ing.unp.edu.ar/wicc2007/trabajos/ISBD/102.pdf . Argentina.

3.5. Comunidades de Práctica Virtuales: un enfoque para promover el desarrollo profesional docente. COSTA RICA

El proyecto describe la "Comunidad de Práctica Virtual para la Innovación Académica en las Sedes Regionales de la Universidad Nacional" para el desarrollo profesional de los docentes de la Universidad Nacional (UNA) en Costa Rica, específicamente en lo concerniente a la incorporación de las TIC en el proceso de enseñanza y aprendizaje. Una parte importante de los docentes de la UNA mantienen una práctica docente tradicional utilizando modelos centrados en el docente, además, no existe en la universidad una cultura arraigada por compartir experiencias y conocimiento entre docentes y aún menos entre docentes de diferentes campus de la Universidad. Disponible en http://vbn.aau.dk/files/16462970/Coto-Mora-Corrales.pdf . Costa Rica.

3.6. Creando Comunidades de Práctica y conocimiento en la Universidad: una experiencia entre las Universidades de lengua catalana. ESPAÑA

Experiencia en donde la comunidad de práctica es un medio para apoyar la misión de la Universidad en el sentido que contribuya a la difusión del conocimiento científico, y a la mejora de las prácticas investigativas y de la docencia. Disponible en http://redalyc.uaemex.mx/pdf/780/78011179004.pdf. España.

3.7. Aprendizaje y software social. Comunidades de Práctica y Wikis en el EEES. ESPAÑA

Experiencia que muestra cómo se desarrolla el aprendizaje que se sustenta en una Wiki, acompañada de herramientas de software social en el contexto de la Web 2.0. Publicación en formato Adobe Reader. Disponible en http://agamenon.tsc.uah.es/Personales/rlopez/docs/lopez-edu-2007c.pdf . España.

Para apoyar la lectura, se esquematiza la iniciativa:

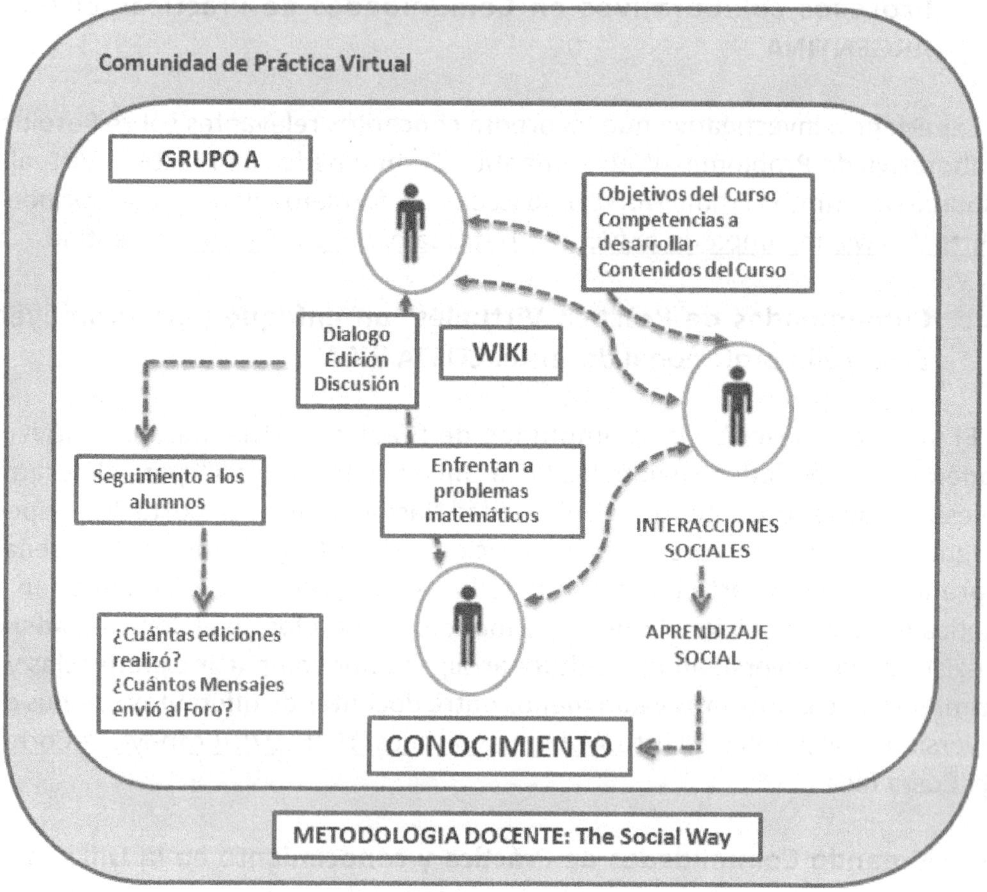

Ilustración 23. Metodología docente que incorpora a la Wiki como medio para la obtención de aprendizajes sociales en el contexto de una Comunidad de Práctica Virtual.

V. OTROS ESCENARIOS ASOCIADOS A LAS COMUNIDADES DE PRÁCTICAS VIRTUALES

En la actualidad también existen organizaciones que están haciendo uso de las comunidades de prácticas virtuales para el desarrollo de sus programas, como por ejemplo, la UNESCO o las Bibliotecas públicas en España, las cuales están haciendo uso de las tecnologías e implementándolas en estas organizaciones para cumplimentar sus programas asociados al currículo, o actualización profesional.

Por otro lado, las redes sociales están difundiendo entidades que están utilizando los beneficios de las Comunidades de práctica virtual para concretar sus objetivos, como es el Programa de Desarrollo Profesional para maestros de Matemática, o la Comunidad de práctica virtual para el Profesorado a través de Youtube o Facebook. Son iniciativas, que gradualmente están poblando la Web en la actualidad.

También, los periódicos digitales (ver más adelante) en la actualidad hacen alusión a las Comunidades de práctica virtuales, por ejemplo, cómo la formación docente está sustentada en este tipo de organización, permitiendo con ello mayor participación del profesorado, acceso al conocimiento y también de recursos pedagógicos. Otra arista, tiene que ver con la discusión que genera esta entidad en el tabloide digital ¿Qué son, para qué sirven...?. Sin duda, es un concepto que está en las conversaciones, y está llegando a variados públicos.

La Web, espacio que permite transversalmente difundir sobre las Comunidades de práctica virtual, es el espacio por excelencia para acceder a información relevante o estratégica sobre ellas (ver más adelante). Por ejemplo, criterios de evaluación de herramientas de apoyo a las comunidades virtuales, factores de éxito, entre otras. Definitivamente, es la ventana para el saber y conocer los alcances y desafíos que vienen para este tipo de organización en la sociedad del conocimiento.

Como se observa, la conjunción de escenarios como el ámbito académico, los periódicos digitales, la Web, las organizaciones educacionales o entidades asociados a grandes conglomerados están construyendo lentamente un espacio para las

Comunidades de práctica virtuales en la sociedad, no solo para darle identidad a la organización, sino que también para que la gestión del conocimiento mejore las prácticas de los miembros que la componen.

A continuación se citan de manera esquemática ejemplos de lo expresado anteriormente:

1. COMUNIDAD DE PRÁCTICA EN DESARROLLO CURRICULAR

Nombre	Descripción	Nivel	País o entidad
Comunidad de Práctica en Desarrollo Curricular	Espacio virtual en donde se discuten cuestiones relacionadas a cambios en el currículo siguiendo un enfoque integral en la concepción y la implementación de los objetivos de Educación para Todos (EPT).	Transversal	UNESCO

Dirección:

http://www.ibe.unesco.org/es/comunidades/comunidad-de-practica-cop/conozca-mas-sobre-la-comunidad-de-practica.html

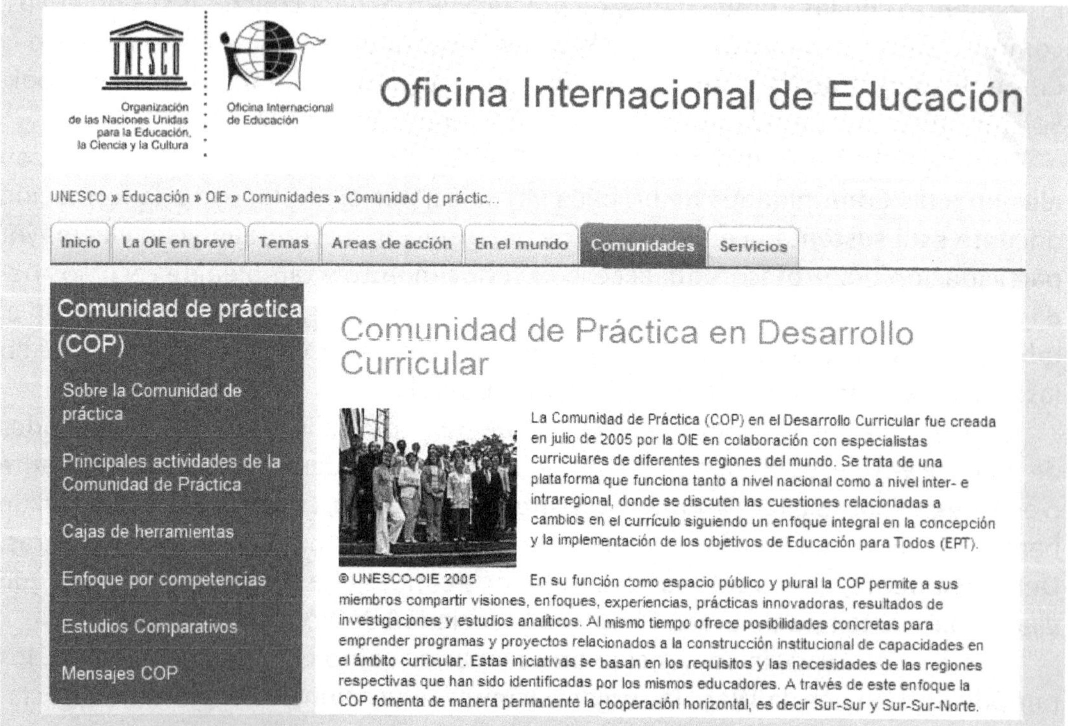

2. PRINUM. ESPAÑA

Nombre	Descripción	Nivel	País o entidad
PRINUM	Espacio de la Universidad de Murcia que tiene por finalidad analizar la importancia de la interactividad y de la comunicación horizontal en la comunidad virtual de práctica. Se muestra una relación recíproca entre el emisor y receptor, para dar respuesta a las necesidades e intereses de los miembros.	Universitario	España

Dirección:

http://www.um.es/prinum/index.php?opc=actividad&ver=212

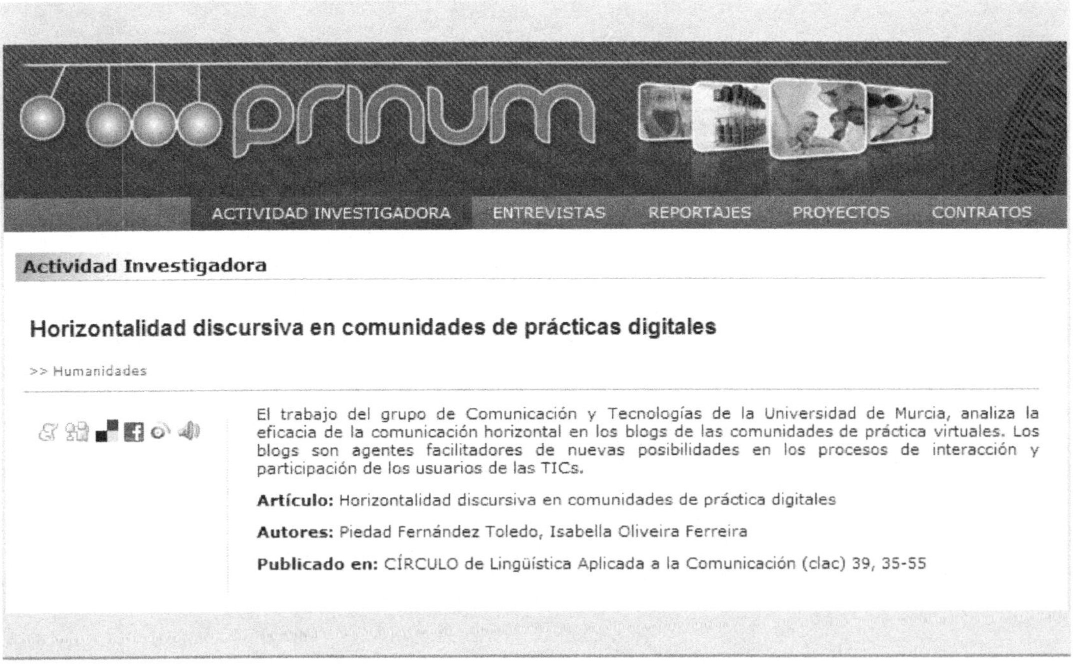

3. PORTAL ENLACES. COSTA RICA

Nombre	Descripción	Nivel	País o entidad
Portal Enlaces	Tiene por finalidad probar la efectividad de la Comunidad de Práctica para fortalecer las Competencias investigativas de los docentes de la Universidad Estatal a Distancia de Costa Rica.	Universitario	Costa Rica

Dirección: http://www.iesalc.unesco.org.ve/index.php?option=com_fabrik&c=form&view=details&Itemid=393&fabrik=3&rowid=203&tableid=3&lang=es

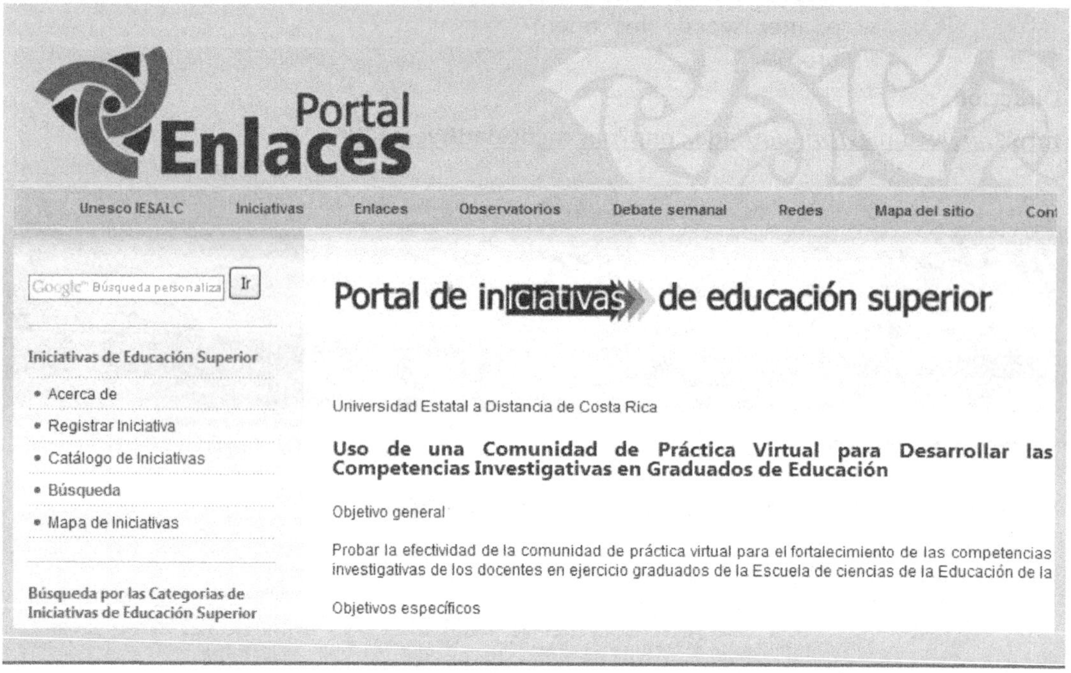

4. COMUNIDAD DE PRÁCTICAS: WEB SOCIAL PARA PROFESIONALES DE LA INFORMACIÓN

Nombre	Descripción	Nivel	País o entidad
Comunidad de Prácticas: Web social para profesionales de la información	Espacio virtual de difusión sobre la importancia de incorporar las redes sociales en la funcionalidad de las Bibliotecas 2.0.	Profesionales de la documentación y bibliotecarios	España

Dirección:

http://www.deakialli.com/2008/04/11/comunidad-de-practicas-web-social-para-profesionales-de-la-informacion/

5. DE LAS REDES SOCIALES A LAS COMUNIDADES DE PRÁCTICA EN EL ÁMBITO EDUCATIVO. COLOMBIA

Nombre	Descripción	Nivel	País o entidad
De las Redes Sociales a las comunidades de práctica en el ámbito educativo	Se introduce la noción de Comunidad de Práctica como una propuesta que aporta valor a las comunidades educativas para la construcción e intercambio de conocimiento y el aprendizaje a partir de la experiencia.	Universitario	Colombia

Dirección:

http://www.deakialli.com/2008/04/11/comunidad-de-practicas-web-social-para-profesionales-de-la-informacion/

Revista Educación en Ingeniería

ISSN 1900-8260

Junio de 2010 • N°. 9 • Pp 1-11 • Publicada en línea por la Asociación Colombiana de Facultades de Ingeniería -ACOFI- www.acofi.edu.co

Enviado: 30/04/2010 • Aprobado: 03/06/2010

DE LAS REDES SOCIALES A LAS COMUNIDADES DE PRÁCTICA EN EL AMBITO EDUCATIVO

Yolanda Amorocho Gualdrón. Luís Carlos Gómez Flórez. Hugo Hernando Andrade Sosa.
Universidad Industrial de Santander, UIS, Bucaramanga (Colombia)

6. CRITERIOS DE EVALUACIÓN DE HERRAMIENTAS DE APOYO A COMUNIDADES VIRTUALES

Nombre	Descripción	Nivel	País o entidad
Criterios de Evaluación de herramientas de apoyo a comunidades virtuales	Reporte que entrega una visión global de los tipos de comunidades existentes, como también los tipos de herramientas tecnológicas que sustentan su creación, y los criterios de evaluación de ellas.	Transversal	Colombia

Dirección:

http://www.scribd.com/doc/7143570/LEALGALVIS-EvaluacionHerramientasComunidades

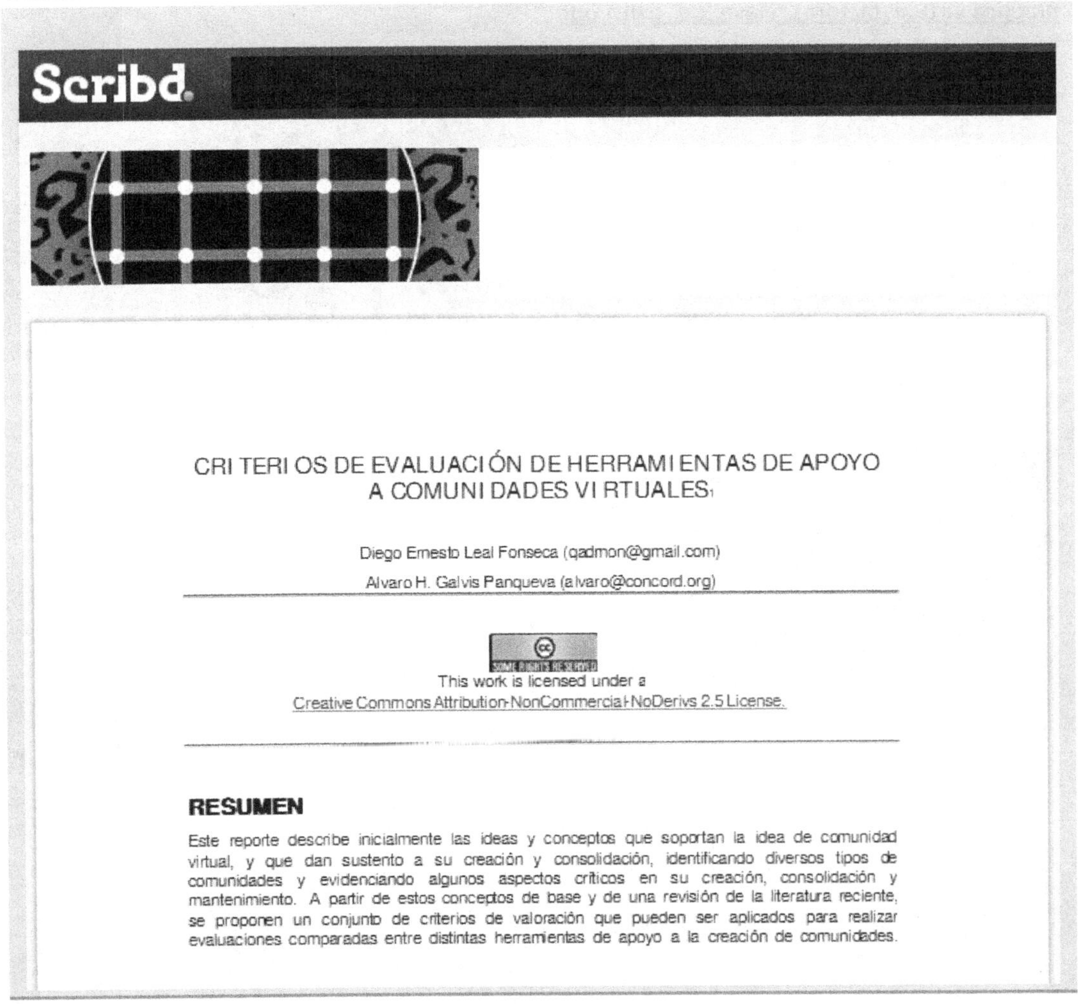
Scribd.

CRI TERI OS DE EVALUACI ÓN DE HERRAMI ENTAS DE APOYO
A COMUNI DADES VI RTUALES1

Diego Ernesto Leal Fonseca (qadmon@gmail.com)

Alvaro H. Galvis Panqueva (alvaro@concord.org)

This work is licensed under a
Creative Commons Attribution-NonCommercial-NoDerivs 2.5 License.

RESUMEN

Este reporte describe inicialmente las ideas y conceptos que soportan la idea de comunidad virtual, y que dan sustento a su creación y consolidación, identificando diversos tipos de comunidades y evidenciando algunos aspectos críticos en su creación, consolidación y mantenimiento. A partir de estos conceptos de base y de una revisión de la literatura reciente, se proponen un conjunto de criterios de valoración que pueden ser aplicados para realizar evaluaciones comparadas entre distintas herramientas de apoyo a la creación de comunidades.

7. COMUNIDADES DE PRÁCTICA: FACTORES CLAVES DE ÉXITO

Nombre	Descripción	Nivel	País o entidad
Comunidades de Práctica: factores claves de éxito	Se definen aspectos esenciales de una Comunidad de Práctica, cual es su objetivo, que puede aportar su conformación a la organización, dimensiones que se deben tomar en cuenta cuando se constituya, entre otros aspectos.	Transversal	España

Dirección:

http://www20.gencat.cat/docs/Justicia/Documents/ARXIUS/cmerino_%20comunidad de práctica virtual_factores_clave_de_exito.pdf

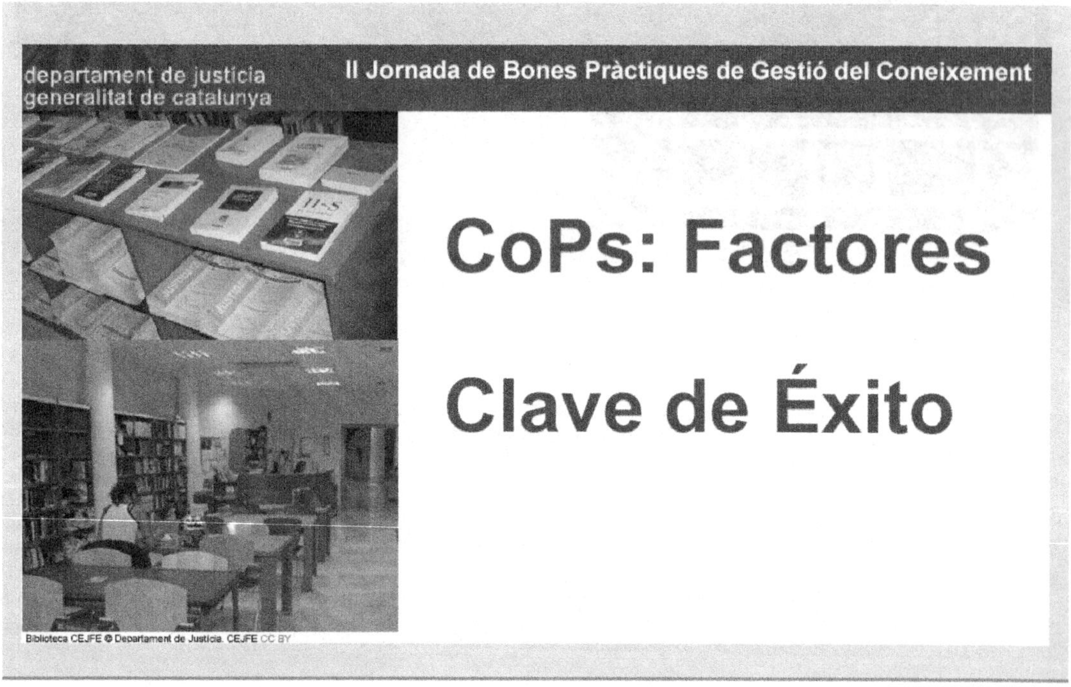

8. LAS COMUNIDADES DE PRÁCTICA EN LAS REDES SOCIALES

8.1. Comunidades de Práctica en Youtube

Disponible en: http://www.youtube.com/watch?v=QIK20U7fBQo

Iniciativa de la Dirección General de Educación Superior para Profesionales de la Educación que consistió en la conformación de una Comunidad de Práctica para fortalecer la enseñanza de las Matemática.

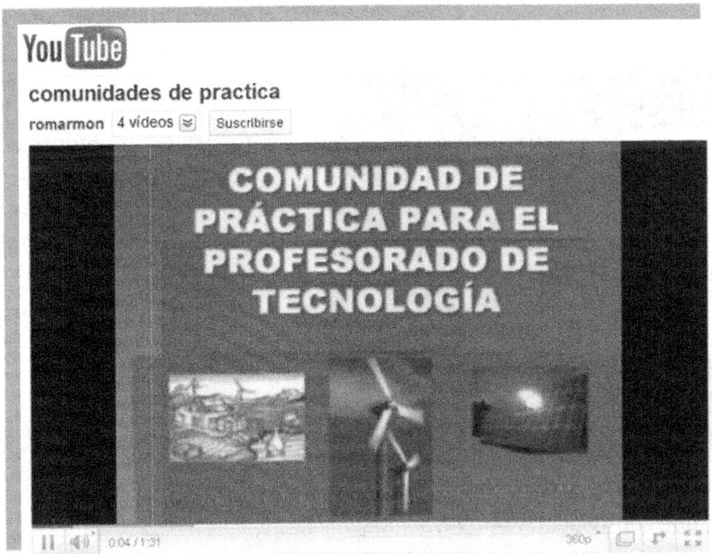

Disponible en: http://www.youtube.com/watch?v=NPAw2ViTKhg

Muestra como a través de una Comunidad de Práctica Virtual se puede gestionar el conocimiento en la red.

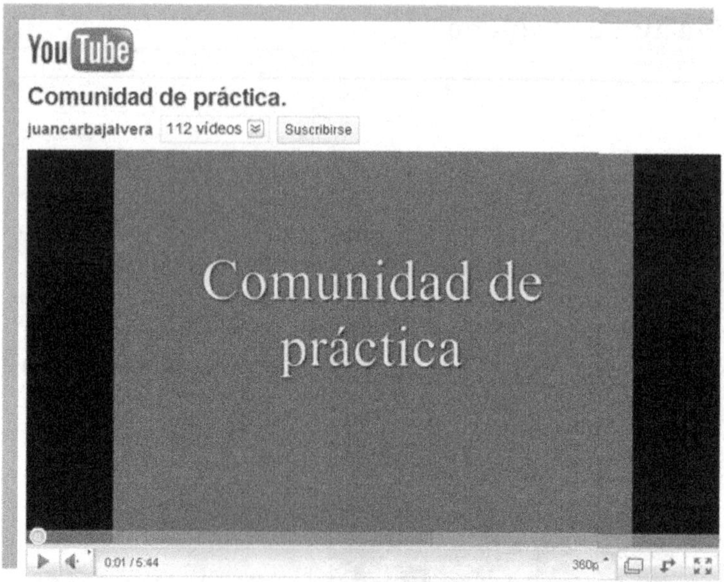 Disponible en: http://www.youtube.com/watch?v=pFLokA3dMBQ	¿Qué es una Comunidad de Práctica? Sus características, sus enfoques.
 Disponible en: http://www.youtube.com/watch?v=4n-VW50hMSw	Muestra los ambientes virtuales de una Comunidad de Práctica Virtual del Programa UNA Virtual (foros, chat, webquest, entre otros)

8.2. Comunidades de Practica en Twitter

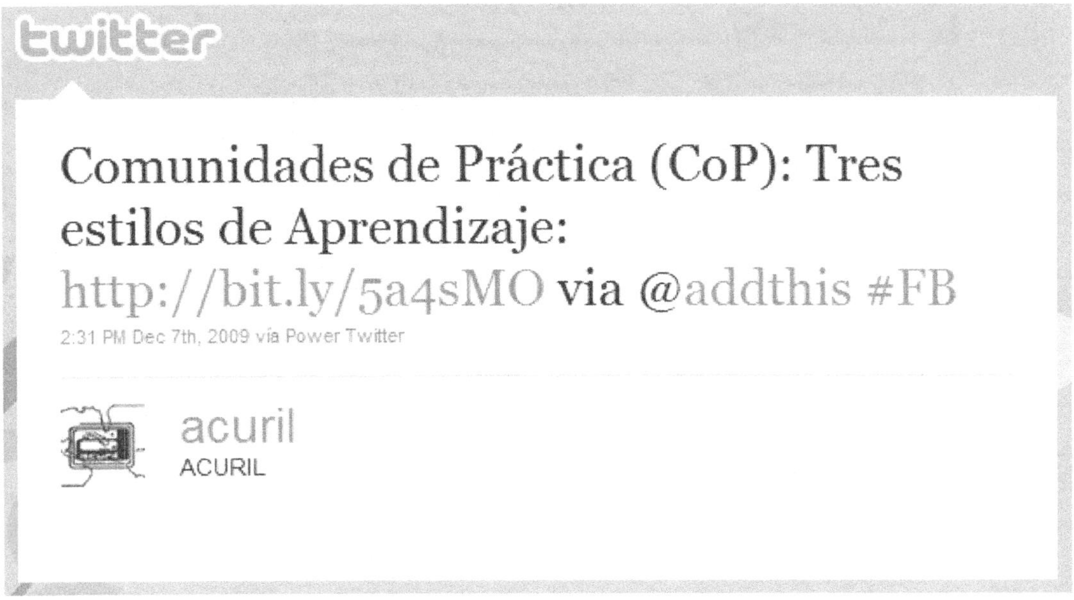

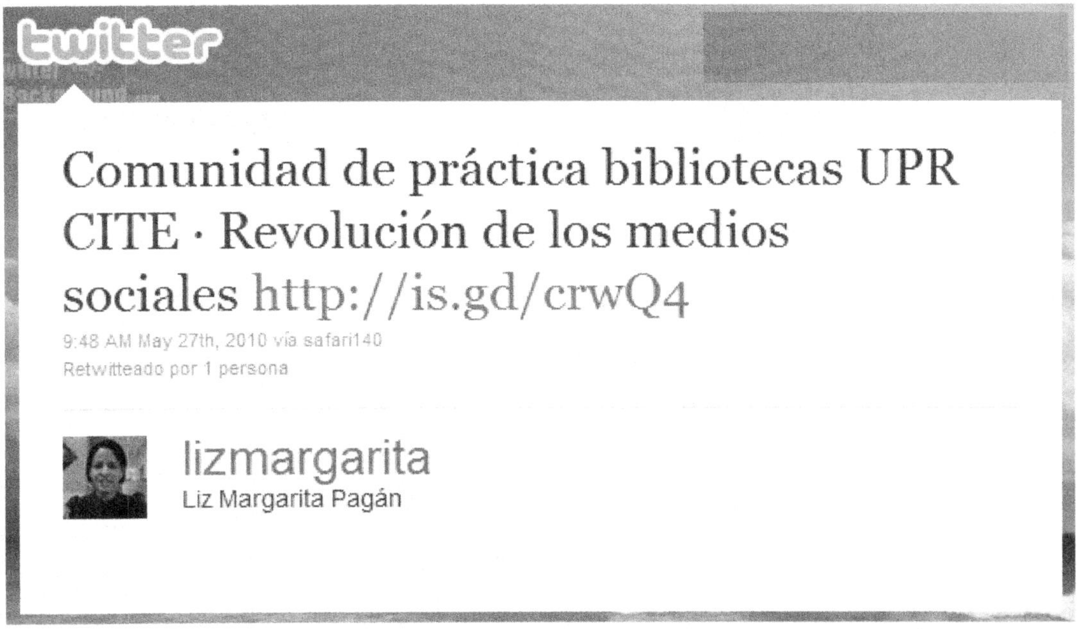

8.3. Comunidades de Práctica en Facebook

Disponible en: http://mk-mk.facebook.com/group.php?gid=44271778055&v=info

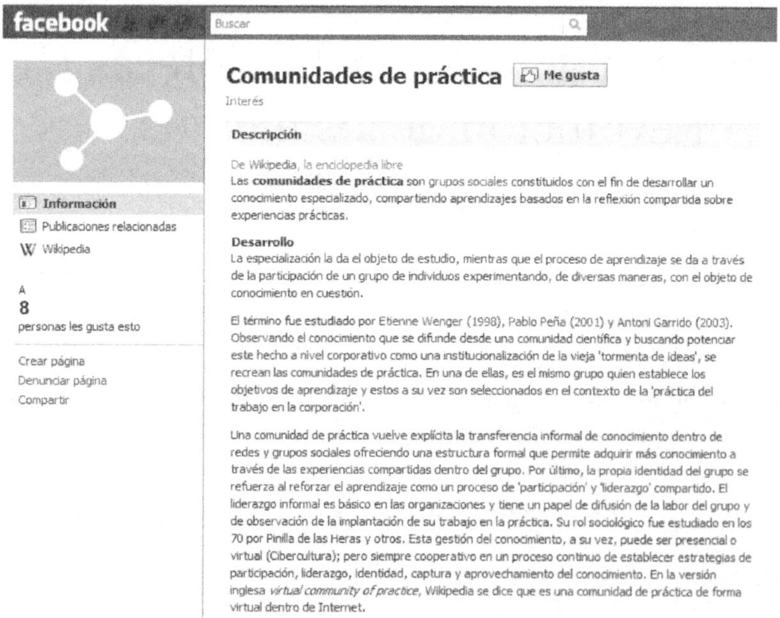

Disponible en: http://es-la.facebook.com/pages/Comunidades-de-practica/105780506128912

8.4. Las Comunidades de Práctica en los periódicos online

LA NACIÓN /OPINIÓN

11:09 A.M.DOMINGO 14 DE NOVIEMBRE DEL 2010 | EDICIÓN ELECTRÓNICA   Archivo 1946-199

PORTADA EL PAÍS DEPORTES SUCESOS ECONOMÍA MUNDO ALDEA GLOBAL VIVA OPINIÓN MULTIMEDIA

Tecnologías para la formación docente

■ Crear comunidades de práctica para la formación docente es una opción novedosa y útil

CALIFICACIÓN: ☆☆☆☆☆ 0 COMENTARIOS SHARE 18 3 retweet

WILLY CASTRO, XINIA CORRALES | ACADÉMICO Y ACADÉMICA 02:20 P.M. 11/08/2010

Promover la innovación educativa con Tecnologías para la Información y Comunicación (TIC) en la educación costarricense requiere de una serie de condiciones en las dimensiones institucional, nacional y mundial; y para cada una de estas dimensiones acciones que deben ser muy bien planificadas, articuladas, ejecutadas y evaluadas.

Un elemento fundamental en la dimensión institucional es la formación docente, para mejorar la calidad en la promoción de los aprendizajes con el uso de tecnologías. El reto es significativo si tomamos en cuenta factores como la cantidad de docentes de una institución, o aún más, del sistema educativo.

Por otra parte, la ubicación geográfica de docentes y formadores, el tiempo dedicado al proceso de formación, el acceso a los recursos tecnológicos desde las instituciones y la cantidad de recursos invertidos en la formación presencial, entre otros.

Innovaciones. Generalmente, la formación docente se plantea de manera tradicional, poco flexible, una convocatoria en un espacio físico como un laboratorio, una computadora y un instructor y aunque tanto Universidades como Ministerio de Educación y otras instituciones realizan esfuerzos para innovar en educación con tecnologías. Estas innovaciones no necesariamente han sido integradas a los procesos de formación docente.

Una novedosa opción de formación docente son las Comunidades Virtuales de Práctica. Esta experiencia de formación se desarrolla en la Universidad Nacional en donde un grupo de cuarenta académicas y académicos de las sedes regionales de esta institución forma parte de la Comunidad UNágora , ante las limitaciones propias de un proceso de formación presencial de largo plazo.

Disponible en http://www.nacion.com/2010-08-11/Opinion/Foro/Opinion2479300.aspx

MATERIABIZ

Quiénes

Home Suscríbase FOROS ¡Descargue DESARROLLO COMPETITIVO!

Economía & Finanzas Estrategia & Marketing IT & Operaciones Capital Humano Empresa & Sociedad Emprendedores

Por Fabiana Gadow Imprimir RSS Enviar

Comunidades de práctica: ¿qué son, para qué sirven y por qué son importantes?

En los últimos tiempos, mucho se ha discutido en las organizaciones sobre las comunidades de práctica. Pero, ¿qué son, para qué sirven y qué las hace efectivas?

Por Fabiana Gadow

En su libro "Cultivating Communities of Practice", Etienne Wenger define a las comunidades de práctica como "grupos de personas que comparten un interés, una problemática específica o simplemente una pasión sobre algún tema particular y que profundizan su conocimiento y expertise en ese tema mediante la interacción con otras personas en forma continua y sostenida".

En gran medida, no se trata de un concepto novedoso. El hombre siempre se ha reunido en torno a intereses comunes.

La verdadera innovación radica en las inmensas oportunidades abiertas por las nuevas tecnologías de la comunicación.

Gracias a Internet, hoy es posible agrupar a personas geográficamente muy distantes en una misma comunidad de contacto inmediato y acceso prácticamente ilimitado a conocimiento e información para buscar soluciones a problemas comunes.

Principios básicos de las comunidades de práctica

Las comunidades de práctica se basan en un principio elemental: todos tienen algo para enseñar y todos tienen algo para aprender.

El éxito propio es el éxito de los demás, y sólo la colaboración y la participación activa permitirán resolver los problemas comunes.

Disponible en http://www.materiabiz.com/mbz/capitalhumano/nota.vsp?nid=38603

VI. INSTRUMENTOS DE APOYO PARA CONFORMAR UNA COMUNIDAD DE PRÁCTICA VIRTUAL

1. ENCUESTA A LOS PARTICIPANTES DE LA COMUNIDAD DE PRÁCTICA VIRTUAL[11]

Este instrumento permite diagnosticar las características de los usuarios que conformarán la Comunidad de práctica virtual con la finalidad de definir no solo los conocimientos que se compartirán en la organización (biología, filosofía, didáctica, etc.), sino que también las competencias tecnológicas asociadas a los servicios que frecuentemente se utilizan en esta instancia (correo electrónico, foros, etc.). Además, es importante detectar la información que disponen los usuarios sobre este tipo de organización, y el aporte que puede hacer al área del conocimiento que domina el usuario.

1. IDENTIFICACIÓN
1.1 Nombre del docente
1.2 Nombre del centro educativo
1.3 Cargo que desempeña en el centro educativo
1.4 Marque con una X el Sector de Aprendizaje (curso o asignatura) que imparte en el centro educativo ☐ Química ☐ Inglés ☐ Física ☐ Lenguaje ☐ Biología ☐ Matemática Otro:____________________________

[11] Valdivia, J. (2009). Adaptación de Encuesta que se encuentra en Tesis Doctoral. Comunidad de Práctica online: conocimiento y aprendizaje. Acceso electrónico en http://e-spacio.uned.es/fez/eserv.php?pid=tesisuned:Educacion-Jvaldivia&dsID=Documento.pdf

2. CONOCIMIENTO DE INFORMATICA		
Descripción	SI	NO
2.1 ¿Posee correo electrónico?		
2.2 ¿Utiliza con frecuencia el correo electrónico para comunicarse con los demás?		
2.3 ¿Utiliza Internet para búsquedas de información sobre su práctica docente?		
2.4 ¿Ha participado en Foros Virtuales en Internet?		
2.5 ¿Ha participado de algún perfeccionamiento en Informática?		
2.6 Si la respuesta anterior fue afirmativa. ¿En qué institución, y que perfeccionamiento fue el que realizó?		

3. COMUNIDAD DE PRÁCTICA VIRTUAL Y EXPECTATIVAS		
Descripción	SI	NO
3.1 ¿Sabe UD. en qué consiste una Comunidad de Práctica Virtual? Si la respuesta en SI, vaya a 3.2. Si la respuesta es NO, entregue al responsable de la actividad.		
3.2 ¿Cree que la comunidad virtual de práctica servirá para mejorar su desempeño en el aula? Si la respuesta es SI, vaya a 3.3.		
3.3 Explique la razón por la cual mejorará su práctica pedagógica con su participación en la comunidad virtual de práctica.		

2. DETECTANDO EL NIVEL DE PARTICIPACIÓN DE LOS MIEMBROS EN LA COMUNIDAD DE PRÁCTICA VIRTUAL[12]

Nota: Este instrumento se basa en los niveles de participación de Flamey, Gubbins & Morales (1998) que pueden darse de manera gradual en la Comunidad de Práctica Virtual (Ilustración Nº 7) entre los miembros, y los servicios TIC dispuestos para ellos (foros, chat, mural de avisos,...entre otros).

El instrumento está asociado a los Padres y Apoderados del centro educativo, pero UD. puede adaptarlo a su realidad (profesorado, directivos docentes, etc.)

El contexto es el siguiente:

Conforme a su participación en la Comunidad de Práctica Virtual, asociado a los servicios o recursos disponibles en ella, las consultas son:

[12] Valdivia, J. (2009). Adaptación de Encuesta que se encuentra en Tesis Doctoral. Comunidad de Práctica online: conocimiento y aprendizaje. Acceso electrónico en http://e-spacio.uned.es/fez/eserv.php?pid=tesisuned:Educacion-Jvaldivia&dsID=PDF

1. ¿Cuál cree UD. que son los servicios interactivos que fortalecen un determinado nivel de participación (informativo, colaborativo, entre otros)? Subraye los servicios interactivos.
2. Citar dos buenas prácticas conforme a lo ocurrido hasta el día de hoy, en que se muestre el uso de un servicio interactivo disponible, y una actividad o práctica planificada en la Comunidad de Práctica Virtual

Servicio interactivo disponible en la Comunidad de Práctica	Nivel de participación	Buenas prácticas
EJEMPLO ☐ Foro ☐ Chat ☐ <u>Publicación de artículos</u> ☐ Centro de Documentación ☐ Eventos en Línea ☐ Publicación de fotografías ☐ Calendario de actividades ☐ <u>Mural de avisos</u>	EJEMPLO INFORMATIVO. *La escuela dispone de información clara y precisa sobre lo que sucede en el establecimiento*	*Servicio: Mural de Avisos* Ejemplo: Calendario de Evaluaciones Servicio: *Publicación de artículos* Ejemplo: Metodologías de aula para el Sector Ciencias
☐ Foro ☐ Chat ☐ Publicación de artículos ☐ Centro de Documentación ☐ Eventos en Línea ☐ Publicación de fotografías ☐ Calendario de actividades ☐ Mural de avisos	**INFORMATIVO** *El Departamento de Ciencias dispone de información clara y precisa sobre la planificación curricular en el nivel básico o medio*	Servicio (nombre): Ejemplo:
☐ Foro ☐ Chat ☐ Publicación de artículos ☐ Centro de Documentación ☐ Eventos en Línea ☐ Publicación de fotografías ☐ Calendario de actividades ☐ Mural de avisos	**CONSULTA** *Instancia que tiene la autoridad del centro educativo que implica el recabar opiniones y sugerencias desde el profesorado (por ejemplo ejecutar acciones de la escuela, u opiniones para incorporarlas al proceso de toma de decisiones institucionales)*	Servicio (nombre): Ejemplo (adecuar a la realidad escolar o de la organización):

Servicio interactivo disponible en la Comunidad de Práctica	Nivel de participación	Buenas prácticas
☐ Foro ☐ Chat ☐ Publicación de artículos ☐ Centro de Documentación ☐ Eventos en Línea ☐ Publicación de fotografías ☐ Calendario de actividades ☐ Mural de avisos	**COLABORACIÓN** *Se refiere a la cooperación de los docentes en actividades como Jornadas de Ciencias, Seminarios, Talleres de Química*	Servicio: Ejemplo:
☐ Foro ☐ Chat ☐ Publicación de artículos ☐ Centro de Documentación ☐ Eventos en Línea ☐ Publicación de fotografías ☐ Calendario de actividades ☐ Mural de avisos	**TOMA DE DECISIONES EN RELACIÓN A OBJETIVOS, ACCIONES Y RECURSOS** *Incorporación con derecho a voz y voto en aspectos tales como el Consejo Escolar, PADEM, etc. Profesores de Ciencias asumiendo responsabilidades en la gestión pedagógica o administrativa del colegio (proyectos innovadores, etc.)*	Servicio: Ejemplo:
☐ Foro ☐ Chat ☐ Publicación de artículos ☐ Centro de Documentación ☐ Eventos en Línea ☐ Publicación de fotografías ☐ Calendario de actividades ☐ Mural de avisos	**CONTROL DE LA EFICACIA** *Se les otorga a los Profesores de Ciencias un rol supervisor del cumplimiento del proyecto educativo y de la gestión del establecimiento*	Servicio: Ejemplo:

3. ¿QUÉ CONOCIMIENTO Y APRENDIZAJE OBTENIDO DE LA COMUNIDAD DE PRÁCTICA?[13]

Estimado Moderador(a):_________

Estimado Profesor(a):___________

Departamento:_________________

¿Cómo una manera de formalizar lo que ha sucedido a través del tiempo, anote no solo los conocimientos, sino que también los aprendizajes obtenidos de mi participación en la Comunidad de Práctica *Virtual?*

CONOCIMIENTO	APRENDIZAJE
EJEMPLO He descrito la realidad del aula, en lo que corresponde a las diferentes metodologías utilizadas por el profesorado en el Sector Ciencias	EJEMPLO He aprendido a usar los distintos servicios interactivos y recursos tecnológicos disponibles en la Comunidad de Práctica (foros, chat,...)

4. EVALUANDO MÍ DESEMPEÑO LA COMUNIDAD VIRTUAL DE PRÁCTICA[14]

Estimado integrante de la Comunidad Virtual de Práctica:

Como una manera de apreciar los requerimientos, proyecciones y desafíos de la Comunidad Virtual de Práctica, vengo en solicitar su colaboración para que responda con la confidencialidad que corresponde cada una de las siguientes interrogantes que se citan:

!!Gracias por su colaboración!!

---

13 Valdivia, J. (2009). Adaptación de Encuesta que se encuentra en Tesis Doctoral. Comunidad de Práctica online: conocimiento y aprendizaje. Acceso electrónico en http://e-spacio.uned.es/fez/eserv.php?pid=tesisuned:Educacion-Jvaldivia&dsID=Documento.pdf.

14 Valdivia, J. (2009). Adaptación de Encuesta que se encuentra en Tesis Doctoral. Comunidad de Práctica online: conocimiento y aprendizaje. Acceso electrónico en http://e-spacio.uned.es/fez/eserv.php?pid=tesisuned:Educacion-Jvaldivia&dsID=Documento.pdf.

Nombre		Fecha	

Nivel de escolaridad que tiene (marque con una X):

☐ Educación Primaria	☐ Educación Secundaria (ESO)
☐ Educación Universitaria	☐ Educación Técnico Profesional

DEL OBJETIVO DE LA COMUNIDAD VIRTUAL DE PRÁCTICA

¿Cómo se denomina su Comunidad Virtual de Práctica?

Favor, con letra clara y legible. Es muy importante su respuesta.

¿De acuerdo a UD. cual fue el objetivo de la Comunidad Virtual de Práctica de la cual formó (forma) parte?

Favor, con letra clara y legible. Es muy importante su respuesta.

DE LOS RECURSOS

¿Qué recursos disponibles de la Comunidad Virtual de Práctica, utilizó frecuentemente en su participación?

	Muchísimo	Mucho	Regular	Un poco	Casi nada
Foro					
Chat					
Publicación de Artículos					
Centro de Documentos					
Mural de Avisos					
Publicación de Fotografías					
Calendario de Eventos					
Correo electrónico					
Agregar oficios y profesiones de los miembros de la organización					

DE LOS NIVELES DE PARTICIPACIÓN

¿Qué niveles de participación[15] asociados al centro educativo se fomentaron con su presencia en la Comunidad Virtual de Práctica?

	Muy de Acuerdo	De Acuerdo	Ni de Acuerdo, ni en Desacuerdo	En Desacuerdo	Muy en Desacuerdo
Informativo					
Colaborativo					
Consultivo					
Toma de decisiones					
Control de la eficacia de las políticas educativas					

DE SU GESTION EN EL CENTRO EDUCATIVO

¿Logró UD. motivar a las autoridades de su centro educativo para participar de la Comunidad Virtual de Práctica?

	Si	No
Rector o Director del centro educativo		
Jefe Técnico del centro educativo		
Jefe de Departamento de la Asignatura que imparte		
A un profesor de Asignatura		
A los alumnos de su Curso en donde imparte su Asignatura		

DEL MODERADOR DE LA COMUNIDAD VIRTUAL DE PRÁCTICA

¿Cuáles son las características según UD. que debe tener el Moderador de la Comunidad Virtual de Práctica? Coloque una X según su preferencia. El número 7 corresponde a Muy Importante, el número 1 a Nada Importante

	MUY Importante 7	6	5	4	3	2	NADA Importante 1
Sociable							
Amable							
Ordenado							
Tolerante							
Activo							
Responsable							
Realista							
Emprendedor							
Soñador							
Colaborador							

[15] Extraído de "Los Centros de Padres y Apoderados: Nuevos Actores en el Control de la Gestión Escolar". Disponible en http://www.mineduc.cl/biblio/documento/Apoderados.pdf

5. EVALUANDO LOS SERVICIOS DISPONIBLES EN LA COMUNIDAD VIRTUAL DE PRÁCTICA[16]

Estimado Moderador y/o Profesor
Comunidad Virtual de Práctica: ________________

Como una forma de mejorar las futuras Comunidades Virtuales de Práctica a implementar en el centro educativo, solicito a UD. su comentario u opinión de los servicios disponibles en la actualidad:

!!Gracias por su colaboración!!

Servicio	**Comentario**	**Sugerencias**
Sitios Web existentes en la organización		
Sección Álbum de Fotografías		
Webmail para su comunicación con los demás		
Mural de Avisos		
Publicación de Artículos		
Sección Biblioteca Virtual		
Calendario de Eventos		
Foros		
Chat		

¿Qué otro servicio virtual agregaría UD. a la Comunidad Virtual de Práctica?

Favor, con letra clara y legible. Es muy importante su respuesta

[16] Valdivia, J. (2009). Adaptación de Encuesta que se encuentra en Tesis Doctoral. Comunidad de Práctica online: conocimiento y aprendizaje. Acceso electrónico en http://e-spacio.uned.es/fez/eserv.php?pid=tesisuned:Educacion-Jvaldivia&dsID=Documento.pdf.

6. AUTOTEST PARA LA GESTIÓN DEL CONOCIMIENTO INDIVIDUAL[17]

Test muy interesante, que sirve para obtener una primera impresión sobre los propios mecanismos para gestionar el conocimiento individual, y sobre los aspectos que hay que tomar en consideración relativo a lo mismo.

Puede usarse para ir definiendo de mejor manera el Moderador de la Comunidad de práctica virtual-Virtual, y para obtener mejor disposición para compartir el conocimiento en la organización.

Estimado Profesor (a) o integrante:
Comunidad Virtual de Práctica: ________________

Agradeceremos responder el siguiente Test, como una manera de ir dilucidando los mecanismos de gestión del conocimiento en la Comunidad de práctica virtual-Virtual, y obtener con ello, mejores condiciones para cumplir con los objetivos propuestos en ella.

1. ¿Le resulta difícil fijar objetivos concretos y tenerlos presentes en diferentes situaciones de aprendizaje (tanto en el puesto de trabajo, en seminarios o en su propia casa?

Si		No	

2. Cuando se trata de proyectos de aprendizaje, (p. ej., cursos de perfeccionamiento o durante el auto-aprendizaje), ¿suele tener muchas veces la sensación de que ha de subordinar sus propios intereses a objetivos fijados por terceras personas?

Si		No	

3. ¿Suele tener con frecuencia problemas para distribuir adecuadamente el tiempo que dedica al conocimiento (p. ej., en situaciones estresantes de la vida cotidiana o durante el auto-aprendizaje?

Si		No	

4. ¿Le resulta difícil orientarse en situaciones nuevas (p. ej., en seminarios o en nuevos entornos de trabajo o aprendizaje) y utilizar éstas para sus propios objetivos del conocimiento o aprendizaje?

Si		No	

5. ¿Afirmaría Ud. que no domina demasiado bien la planificación de proyectos individuales en cuestiones referentes al aprendizaje y conocimiento?

Si		No	

A

(Enumere las veces que ha respondido afirmativamente si ( ) o negativamente no ( )

[17] Extraído de Instrumentos para la Gestión del Conocimiento. Cooperación Tecnológica, Desarrollo de Sistemas y Gestión de la Formación Profesional. Nº 8 (Mandl, Winkler & Schnurer, 2004)

6. Cuando esta UD. estudiando, ¿repasa de vez en cuando sus objetivos iniciales y se pregunta a continuación lo que ha avanzado en el logro de los objetivos?

Si		No	

7. ¿Hace uso de técnicas especiales (p. ej., preguntas de control, aclaraciones recíprocas con un compañero o autotest) para verificar el grado de comprensión de lo aprendido?

Si		No	

8. ¿Comprueba U: después de un proceso de aprendizaje (p. ej., al final de un seminario o después de un proceso de aprendizaje por cuenta propia) si ha alcanzado los objetivos previstos y en qué medida?

Si		No	

9. ¿Suele utilizar regularmente estrategias para la reproducción (p. e., resumir contenidos, hacer una presentación de lo aprendido) o memorizar los nuevos conocimientos (p. ej., mind mapping)?

Si		No	

10. ¿Afirmaría que cuando se trata de temas de conocimiento UD. mismo es capaz de controlarlos, valorarlos y dirigirlos?

Si		No	

B

(Enumere las veces que ha respondido afirmativamente si ( ) o negativamente no ( )

11. ¿Le resulta difícil formarse una idea clara sobre sus conocimientos disponibles y los no disponibles, es decir, lagunas de conocimientos y déficits de información, en un margen de tiempo razonable?

Si		No	

12. ¿Suele tener en más de una ocasión la sensación de no saber exactamente qué es lo que tiene que aprender porque no puede estimar con precisión cuales son las necesidades que tiene en materia de información y de conocimientos?

Si		No	

13. ¿Ha tenido en más de una ocasión dificultades a la hora de encontrar en un tiempo razonable los portadores y fuentes de información y conocimientos adecuados en el momento en que los necesita?

Si		No	

14. ¿Le resulta difícil identificar y comprender los mensajes claves de las informaciones (p. e., en textos técnicos, páginas Web, ponencias de expertos)?

Si		No	

15. ¿Afirmaría Ud. que no se le da muy bien hacer transparente el propio conocimiento, así como las informaciones externas y/o la propia demanda de conocimiento?

Si		No	

C

(Enumere las veces que ha respondido afirmativamente si ( ) o negativamente no ( )

16. ¿Cuándo lee un texto (un artículo de una revista o un libro) y/o escucha una conferencia (ponencia) le resulta difícil descifrar las informaciones más importantes?

Si		No	

17. ¿Suele tener la sensación de que las imágenes (p. e., en revistas) y/o los materiales audiovisuales (p. ej., videos de aprendizaje) a la hora de estudiar son más bien una molestia que una ayuda?

Si		No	

18. ¿Suele tener en más de una ocasión dificultades para desenvolverse en el mundo de las redes computarizadas (Internet e Intranet) y con la diversidad de redes de información?

Si		No	

19. ¿Le resulta difícil de un modo autónomo la búsqueda de información y/o tratamiento de informaciones (multimedia) en red de un modo orientado a objetos?

Si		No	

20. ¿Afirmaría UD. que la utilidad de toda la cantidad de información presentada de diferentes formas no representa precisamente una ayuda para ampliar sus conocimientos?

D

(Enumere las veces que ha respondido afirmativamente si ( ) o negativamente no ( )

21. Cuando está intercambiando conocimientos con otras personas ¿suele pensar al mismo tiempo que se encuentra en una situación de comunicación en la que es necesario respetar algunas reglas de comunicación?

Si		No	

22. ¿Esta Ud. dispuesto durante una conversación o en la realización de trabajos en equipo (p. ej., proyectos de aprendizaje o grupos) a ofrecer retroalimentación a los otros compañeros y también aceptar feedback de éstos?

Si		No	

23. Cuando se encuentra trabajando en un grupo (p. ej., en seminarios o en grupos de aprendizaje en el puesto de trabajo), ¿suele generalmente reflexionar estrategias para la planificación y control de la cooperación?

Si		No	

24. ¿hace uso de las posibilidades que ofrece la tele-cooperación y consigue desenvolverse bien con el grupos dentro de la red (p. ej., en el sentido de que no tiene grandes problemas de coordinación?

Si		No	

25. ¿Afirmaría Ud. que aprovecha las potencialidades que le ofrece la comunicación electrónica (p. ej,. E-mail) y que por su parte pone las informaciones a disposición de las otras personas?

Si		No	

E

(Enumere las veces que ha respondido afirmativamente si ( ) o negativamente no ( )

26. Aunque se encuentre en una situación con una alta carga de trabajo, ¿es capaz de concentrarse en las cosas importantes y/o de mantener viva la motivación y seguir adelante (vs claudicar)?

Si		No	

27. ¿Suele utilizar los errores (inevitables) como una oportunidad de aprender y/o reconoce Ud. también que, en principio, puede cometer errores en el marco de su actividad laboral?

Si		No	

28. En términos generales, ¿también tiene UD. valor y capacidad para pasar por alto informaciones y/o ignorarlas, cuando se siente desbordado por el gran flujo de informaciones?

Si		No	

29. En situaciones con una lata carga de informaciones; ¿consigue mantener la calma y/o conservar en un sentido amplio su bienestar físico y psíquico?

Si		No	

30. ¿Afirmaría que está "bien equipado" cuando se trata de manejar el estrés y los errores y que está lo suficientemente preparado para enfrentarse a situaciones donde predomine el "caos de informaciones"

Si		No	

F

(Enumere las veces que ha respondido afirmativamente si ( ) o negativamente no ( )

Valoración

¿En el apartado A ha respondido afirmativamente tres veces o más?

Si		No	

¿En el apartado B ha respondido afirmativamente tres veces o más?

Si		No	

Si en el apartado A ha respondido afirmativamente tres veces o más y en el apartado B ha respondido negativamente tres veces o más, debería Ud. reflexionar como mejorar su planificación y control del conocimiento. Lo que Ud. necesita es un procedimiento más eficiente para un análisis más preciso de sus objetivos, de su tiempo disponible y de la situación actual en la que se encuentra en estos momentos.

¿En el apartado C ha respondido afirmativamente tres veces o más?

Si		No	

En caso afirmativo, debe intentar hacer mejor diagnóstico que hasta ahora tanto de su propio conocimiento como de las informaciones de su entorno. Lo que Ud. necesita son instrucciones para la representación de su conocimiento previo, así como para la búsqueda y análisis de fuentes de información con las cuales podrá cubrir sus déficits de conocimientos. Existen diversas estrategias para la representación del conocimiento, mediante las cuales se puede incrementar la transparencia de la gestión del conocimiento individual.

¿En el apartado D ha respondido afirmativamente tres veces o más?

Si		No	

En caso afirmativo, debería reflexionar sobre cómo podría mejorar su forma de manejar las diferentes presentaciones de informaciones (desde un texto hasta documentos multimedia). Para ello, es imprescindible que no sólo conozca los principios básicos del análisis de informaciones, sino también las características de los diferentes códigos. En este contexto resultan muy indicadas las estrategias de generación del conocimiento que son imprescindibles durante el estudio.

¿En el apartado E ha respondido afirmativamente tres veces o más?

Si		No	

En caso afirmativo, debería reflexionar sobre cómo mejorar la comunicación. Es necesario que conozca y aprenda a aplicar las reglas de comunicación y feedback más importantes. Para ello resultan muy indicadas las estrategias de comunicación del conocimiento (actual y tradicional).

¿En el apartado F ha respondido afirmativamente tres veces o más?

Si		No	

En caso afirmativo, es absolutamente necesario que cambie su forma de enfrentarse al estrés. Lo que Vd. necesita son instrucciones para poder controlar mejor la atención y la motivación en situaciones de estrés y saber cuáles son las medidas que ha de adoptar para evitar las influencias negativas de los flujos de información. Para ello haga uso de las estrategias de la gestión del estrés y gestión del tiempo.

VII. REFLEXIÓN FINAL

La incorporación de las Comunidades de practica virtuales representadas como espacios en donde se profundiza el conocimiento, y las prácticas compartidas de aprendizaje de los miembros que la componen son escenarios que gradualmente se han ido incorporando en la educación.

Estos espacios se sustentan en el compartir necesidades y problemas, en la reflexión sobre el hacer frecuente y diario, en el aprendizaje colectivo de sus miembros, y llevan al individuo a contribuir con sus aprendizajes a los demás. Se mejora así la práctica y se mantiene a la organización interconectada entre los principiantes y los más expertos, asegurando con esto, nuevas generaciones de miembros con una identidad y pertenencia asociadas a ellas. Experiencias en España, Estados Unidos, Chile, México, Colombia son ejemplos de las diferentes realidades que se han citado en esta oportunidad: artes, ciencias, filosofía, robótica educativa, pizarras digitales interactivas, entre otras.

Las tecnologías, y la evolución de la Web hacia una Web 2.0 ha permitido que estas organizaciones sincrónicas o asincrónicas de tipo virtual accedan de manera extensiva a la sociedad del conocimiento, traspasando las limitaciones temporales y obteniendo conocimiento de la red en la que el debate o discusión y los aportes de sus miembros se encuentran contextualizados en relación a las necesidades y demandas de quienes forman parte de la organización. En este marco, se aprenden a establecer contactos con los miembros usando para ello herramientas digitales en tiempo real (videoconferencia, MSN, entre otros) modificando el paradigma del cara a cara en lo que se refiere al compartir conocimiento y aprendizajes en un entorno presencial.

El escenario educativo, y por ende el aula puede verse beneficiado con la implementación de este tipo de comunidades, debido a que se pueden convertir en extraordinarias herramientas virtuales para *gestionar el conocimiento y aprendizaje pedagógico*, representados por ejemplo, por los tipos de metodologías desarrolladas por el profesor para una temática definida, por las buenas prácticas que se diseñan y ejecutan en el centro educativo, y que implican mayor dinamismo y participación del alumnado, por la participación de un experto en un tema a través de un foro, entre otras iniciativas.

Además de los beneficios en el contexto de la divulgación de lo que realiza la institución educativa, las Comunidades de práctica virtual pueden también ser espacios para incorporar el talento[18] de los miembros en la entidad educativa. Por ejemplo, el moderador de la comunidad, tiene las habilidades y competencias para fortalecer el trabajo en equipo, apoyar a los que buscan el conocimiento, motivar la participación de los que forman parte de la organización, filtrar el conocimiento de acuerdo a los intereses del equipo, entre otros. Un miembro de la comunidad, puede implementar recursos telemáticos que favorezcan la multi - direccionalidad de la comunicación entre sus pares, puede también incorporar recursos tecnológicos que permitan enriquecer la apuesta metodológica para un contenido dado, etc.

Una vez que el miembro se incorpora a una Comunidad de Práctica virtual, aprende a debatir con sus pares locales o regionales sobre los temas asociados a sus prácticas, a establecer comunicación a través del uso de herramientas sincrónicas o asincrónicas, a participar de manera activa y comprometida. En resumen, y en el ámbito educativo, se aprende a gestionar el conocimiento y el talento del profesorado, a desarrollar el liderazgo del moderador, a mejorar y afinar las prácticas pedagógicas con el potencial de transformarse en referentes y de buenas prácticas para los demás, fortaleciendo con ello la sustentabilidad de esta organización a lo largo del tiempo, fomentando profesores innovadores que incorporan las tecnologías para desarrollar las habilidades de pensamiento crítico en los alumnos del siglo XXI.

[18] "...son aquellos individuos que destacan en unas actividades concretas de un área específica de la persona". Extraído de Talento.us. Disponible en http://www.talento.us

VIII. REFERENCIAS BIBLIOGRAFÍAS

Contempla las siguientes categorías:

1. BÁSICA

Comunidades Virtuales de Práctica y de Aprendizaje

Las comunidades virtuales son un fenómeno nuevo, posibilitado por las tecnologías de la información y de la comunicación, que se da en multitud de ámbitos desde los intereses de un grupo ciudadano hasta las macro-comunidades que aparecen en Internet. Su utilidad en educación ha quedado manifiesta por la creación de entornos de aprendizaje colaborativo, que en muchos casos se han ido convirtiendo en auténticas comunidades de aprendizaje. En ámbitos no institucionales, así como de la empresa, han surgido las denominadas comunidades virtuales de práctica, que son una variante de las comunidades de práctica que se dan en situaciones interpersonales.

Todo este campo emergente apenas ha sido analizado en sus consecuencias para la educación y las nuevas formas de aprendizaje que van surgiendo en la sociedad de la información. En este libro se encuentran varias aproximaciones, de pedagogos y psicólogos, que describen experiencias e investigaciones realizadas en estos últimos años en diversos países y tipos de instituciones, y que contribuirán a que el tema de las comunidades virtuales sea más conocido en nuestro entorno.

Um livro que importa ler sobre esta problemática e que conta com um artigo que escrevi com a Helena Peralta:

Costa, F. & Peralta, Helena (2008). Comunidades Virtuales de Aprendizaje. El punto de vista de los participantes. In J. L. Illera (Ed.), *Comunidades Virtuales de Práctica y de Aprendizaje*. Barcelona: Publicacions y Edicions Universidad de Barcelona. 25-56.

2. SUGERIDA

COMUNIDADES DE PRÁCTICA. Aprendizaje, significado e identidad

Wenger, Etienne, (aut.)
Sánchez Barberán, Genís, (tr.)
Ediciones Paidós Ibérica, S.A.
1ª ed., 1ª imp.(07/2001)
348 páginas; 22x16 cm
Idiomas: Español
ISBN: 844931111X ISBN-13: 9788449311116
Encuadernación: Rústica
Colección: Biblioteca cognición y desarrollo humano, 38

A Etienne Wenger se le puede atribuir el hecho de acuñar el concepto de *comunidad de práctica*, que utilizó en el libro publicado junto con Jane Lave *Situated learning. Legitimate peripheral participation* (Cambridge University Press, 1991). Siete años más tarde, Etienne, ya en solitario, presentó el libro a cuya versión en castellano de Genís Sánchez Barberán, publicada por Paidós en 2001, pertenece esta reseña. A través de esta obra, Wenger concibe el aprendizaje como un proceso de participación social. Frente al implacable celo con el que actúan la mayoría de las instituciones contra las comunidades de práctica (CP), el autor defiende que el aprendizaje basado en la participación puede ser muy beneficioso para las organizaciones.

Para ilustrarlo, el autor presenta en el prólogo del libro, que denomina *Contextos*, dos viñetas a modo de estudio de caso. De manera muy amena y casi al estilo novelesco de mediados de los cincuenta, Etienne nos presenta a una encantadora tramitadora de solicitudes de una compañía de seguros médicos. Nuestra protagonista, Ariel, irá apareciendo a lo largo del libro para ayudarnos a entender lo que Wenger nos propone.

Entrando ya en materia, en la primera parte del libro se empieza a definir el concepto de *práctica* y el de *comunidad*, para más adelante aclarar qué es una comunidad de práctica, apareciendo, ahora sí, los tramitadores de solicitudes como un claro ejemplo de ésta. En este capítulo el autor nos presentará cuáles son a su entender las tres dimensiones de una CP: el compromiso mutuo, una empresa conjunta y un repertorio compartido (creación de recursos para compartir significado).

En la segunda parte Etienne se adentra en el marco de la dualidad de lo individual y lo colectivo introduciendo el concepto de *identidad* como pivote entre lo social y lo individual evitando una dicotomía simplista. De este modo, sostiene la idea de que "la experiencia de conocer no es menos única, menos creativa y menos extraordinaria por ser una experiencia de participación". Quizás ésta sea la parte más árida de lectura, pero no por ello de menos interés, ya que es donde los conceptos de *participación* y *cosificación* que constituyen el significado de la CP toman auténtica forma. Aquellos lectores que tengan la sensación de no haber captado del todo la pretensión del autor en la primera parte saldrán de dudas a mediados de esta etapa de la lectura.

Finalmente, en la tercera parte, que el autor presenta a modo de epílogo, se nos plantea cómo diseñar una CP, si es que ello es posible, porque el propio Etienne parte de la idea de que "el aprendizaje no se puede diseñar: sólo se puede facilitar o frustrar". Este apartado cumplirá dos objetivos: ofrecer un resumen de los temas principales y, al mismo tiempo, ilustrar el uso que se puede hacer del marco conceptual que se perfila. La importancia de la participación, la cosificación y la identidad, como los tres elementos que convergen al igual que los lados de una pirámide en las dimensiones de una CP, deberán unirse al papel que deben desempeñar las organizaciones y las instituciones en la tarea de diseñarla. Vale la pena llegar a esta parte del libro, donde la prosa recobra el ritmo ágil y accesible del principio, para acabar de asimilar todos los conceptos expuestos y analizados en él. El compromiso de la organización, su educación y la de sus integrantes aparecen, también, como elementos básicos para conseguir una arquitectura de aprendizaje que facilite el nacimiento de las comunidades de práctica.

Por último sólo querría apuntar que, si bien en ninguna de las líneas de este libro encontramos el concepto de *gestión del conocimiento* como marco disciplinario donde aplicar este tipo de actuaciones, qué duda cabe de que las CP son una estupenda forma, de las muchas que existen, de crear valor en las organizaciones por medio del conocimiento que en ellas se genera. Dicho de otro modo, uno de los caminos a través de los cuales circula el conocimiento es el camino de la práctica compartida. Por todo ello, este libro está altamente recomendado para aquellos que quieran adentrarse en ese gran cajón de sastre que comienza a ser ya la gestión del conocimiento.

Extraído de:

SANZ, Sandra (2003). Reseña del libro *Comunidades de práctica: aprendizaje, significado e identidad* de Etienne Wenger [reseña en línea]. UOC. [Fecha de consulta: 2/4/10]. <http://www.uoc.edu/web/esp/art/uoc/ssanz1003/ssanz1003.html>

CULTIVANDO LAS COMUNIDADES DE PRÁCTICA

Una guía para la gestión del conocimiento CULTIVATING COMMUNITIES OF PRACTICE A Guide to Managing Knowledge Etienne Wenger, Richard McDermott, William M. Snyder HARVARD BUSINESS SCHOOL PRESS, 2002

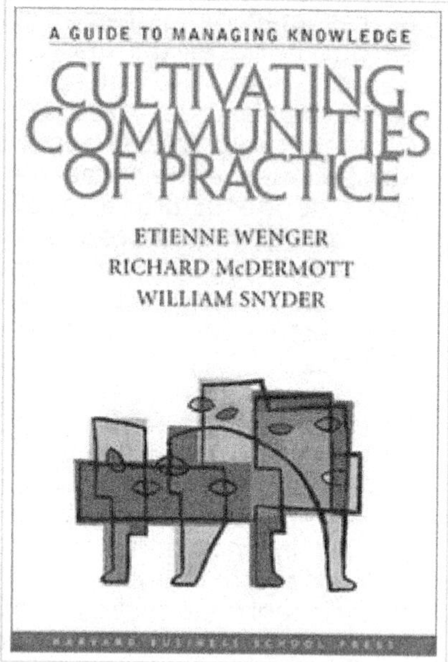

Los autores llevan más de una década trabajando sobre las comunidades de prácticas. Etienne participó en la investigación original en el Institute for Research on Learning, y en el comienzo de las Comunidades de Prácticas (*) en Xerox y National Semiconductor; Richard trabajó, entre otras empresas, en Shell y Hewlett Packard; Bill en Colgate-Palmolive, McKinsey & Company, y el gobierno federal.

La aceptación de las comunidades de prácticas se debe, sobre todo, a la evolución seguida por el "knowledge management" (la Gestión del Conocimiento). La gestión del conocimiento ha tenido una evolución notable:

· primero se basaba en la tecnología
· después derivó a temas de comportamiento, cultura y conocimiento tácito
· ahora se está descubriendo que las comunidades de prácticas son un modo práctico de organizar la tarea de gestionar el conocimiento.

Knowledge Networks: Innovation Through Communities of Practice

Author(s)/Editor(s): Paul Hildreth; Chris Kimble
Copyright: 2004
Pages: 1-354 pp.

Print

Hardcover $79.95 Add to Cart

E-Books

Institution (Online Perpetual) $120.00 Add to Cart

Print (Hardcover) and E-Books

Institution (Online Perpetual) $160.00 Add to Cart

DOI: 10.4018/978-1-59140-200-8
ISBN13: 978-1-59140-200-8
ISBN10: 1-59140-200-X
EISBN13: 978-1-59140-201-5

Redes de conocimiento: innovaciones a través de comunidades de práctica:

Se basa en la experiencia de las personas que han trabajado con comunidades de práctica en el contexto presencial, y comentan su experiencia de manera que sea accesible a una amplia audiencia. El libro ofrece una serie de estudios de casos, lecciones aprendidas y una serie de directrices. También mira y comenta sobre los entornos virtuales, además de proyectar "lo que viene" en lo que respecta a las comunidades de práctica.

Este libro es un recurso para todas las personas que trabajan con comunidades de práctica - tanto en el ámbito académico y en el ámbito presencial.

Communities of Practice

Creating Learning Environments for Educators, Volume 1&2

Edited by:
Chris Kimble, *University of York, United Kingdom*
Paul Hildreth, *K-Now International, York, United Kingdom*
Isabelle Bourdon, *Montpellier University of Sciences, France*

Buy Online	Paperback	Hardcover
	978-1-59311-866-2	978-1-59311-867-9
	Web Price: $67.98	Web Price: $125.78
	(Reg. $79.98)	(Reg. $147.98)
	+ add to cart	+ add to cart

Comunidades de Práctica, creando ambientes de aprendizaje para los educadores:

El objetivo de esta serie de libros es combinar lo mejor de la investigación académica actual en lo que respecta a la incorporación de las comunidades de práctica en la educación con el fin de proporcionar a los profesores y académicos de una fuente conveniente de orientación y un incentivo para el trabajo con comunidades de práctica.

Este conjunto de libros está dividido en dos volúmenes: el volumen 1 se ocupa principalmente, a los problemas encontrados en las comunidades de la práctica, mientras que el volumen 2 tratan principalmente con las comunidades distribuidas de la práctica.

Aprendizaje situado. Participación periférica legitima:

En este volumen, ambos autores reflexionan sobre nuestra concepción del aprendizaje, poniendo énfasis en la persona como un todo, en su identidad y, actividad propiamente tal. Estos autores, argumentan que el aprendizaje es de carácter esencialmente social. Proponen que el aprendizaje es un proceso de participación en comunidades de práctica, la que al principio es periférica, pero que a medida que pasa el tiempo, se hace más compleja y participativa con la colaboración y aceptación de los demás

3. TEXTO

ANDERSEN, P. (1999). *Information space: A framework for learning in organizations.* USA: Routledge.

ALLEN, S., URE, D., & EVANS, S. (2003). *Virtual Communities of Practice as Learning Networks.* Executive summary from Brigham Young University

BROWN, J.S. Y DUGUID, P. (2000). *The social life of information*. Cambridge, MA: Harvard Business School Press

DE LAAT, M., & SIMONS, R. J. (2002). Collective learning: Theoretical perspectives and ways to support networked learning. *European Journal for Vocational Training 27,* 13-24

FORSYTH, D. (1999). *Group dynamics*. Pacific Grove: Brooks/Cole

GORELICK, C., MILTON, N. Y APRIL, K. (2004). *Performance through Learning. Knowledge Management in Practice.* Nueva York: Elsevier Butterwork- Heinemann.

JOHNSON, D.; JOHNSON R.; (1999). *Learning together and alone: Cooperative, competitive, and individualistic Learning*. Boston, MA: Allyn & Bacon

LAVE, J., WENGER, E. (1991). Situated learning. Legitimate peripheral participation. Nueva York: Cambridge University Press

NONAKA, I. (1994). *A dynamic theory of organizational knowledge creation in Organization Sciencie*, 5(1), 14-37

NONAKA, I. Y TAKEUCHI, H. (1995). *The Knowledge Creating Company. How Japanese Companies Create the Dynamics of Innovation.* Oxford, UK: Oxford University Press.

SCHLAGER, M., & FUSCO, J. (2004). *Teacher professional development, technology, and communities of practice: Are we putting the cart before the horse?* In S. Barab, R. Kling & J. Gray (Eds.), Designing for virtual communities in the service of learning. Cambridge, UK: Cambridge University Press.

WENGER, E. (2001). *Comunidades de Práctica*. Barcelona: Paidós

WENGER, E.; MCDERMOTT, R.; SNYDER, W.M. (2002). *Cultivating communities of practice.* Boston: Harvard Business School Press

4. BIBLIOWEB

PÉREZ, D. & DRESSLER, M. (2007). Tecnologías de la Información y gestión del conocimiento. http://redalyc.uaemex.mx/pdf/549/54930103.pdf [2011, abril 12]

EDUTEKA (2008). Estándares para estudiantes, Docentes y Directivos. Disponible en http://www.eduteka.org/modulos/11/342/868/1 [2011, febrero 2]

FLAMEY, G., GUBBINS, V., & MORALES, F. (1999). *Los Centros de Padres y Apoderados: Nuevos Actores en el Control de la Gestión Escolar*. CIDE. Santiago de Chile. Disponible en http://www.mineduc.cl/biblio/documento/Apoderados.pdf [2011, febrero 2]

LESSER, E.L.; STORCK, J. (2001). *Communities of practice and organizational performance*. IBM Systems Journal, Vol. 40, No. 4. pp. 831-841. Disponible en http://www.citeulike.org/group/398/article/482037 [2010, septiembre 5]

MINAKATA, A. (2008). Gestión del conocimiento en educación y transformación de la escuela. Disponible en http://portal.iteso.mx/portal/page/portal/Sinectica/Revista/SIN32_06 [2011, abril 14]

SAÉZ, F.; GARCÍA, O.: PALAO, J. & ROJO. P. (2009). Innovación Tecnológica en las Empresas. Capital Humano Disponible en http://www.gsi.dit.upm.es/~fsaez/intl/capitulos/14%20-Capital%20humano%20_y%20II_.pdf [2011, abril 14]

SANZ, S. (2005). *Comunidades de prácticas virtuales: acceso y uso de contenidos*. Disponible en http://www.uoc.edu/rusc/2/2/dt/esp/sanz.pdf [2011, febrero 3]

SCHUSCHNY, A. (2010). *Humanismo y Conectividad*. Disponible en http://humanismoyconectividad.wordpress.com/2010/07/20/colaboracion-emergente/ [2011, febrero 5]

Made in the USA
Monee, IL
06 November 2026

67383152R00070